WIESBADEN
RHEIN-TAUNUS
RHEINGAU

Lieblingsplätze

WIESBADEN RHEIN-TAUNUS RHEINGAU

GMEINER

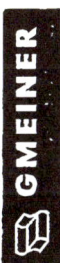

SUSANNE KRONENBERG

Autor und Verlag haben alle Informationen geprüft. Gleichwohl wissen wir, dass sich Gegebenheiten im Verlauf der Zeit ändern, daher erfolgen alle Angaben ohne Gewähr. Sollten Sie Feedback haben, bitte schreiben Sie uns! Über Ihre Rückmeldung zum Buch freuen sich Autor und Verlag: lieblingsplaetze@gmeiner-verlag.de

Sofern nicht im Folgenden gelistet, stammen alle Bilder von Susanne Kronenberg: Touristikbahn Wiesbaden 18; Spielbank Wiesbaden 30; frauen museum wiesbaden 40; Mattiaqua, Eigenbetrieb für Quellen/Foto: Kaster 42; Mattiaqua, Eigenbetrieb für Quellen/Foto: Schlote 54; Weitblick Naturerlebnis/Foto: Martina Schwarzer 58; Wiesbadener Reit- & Fahr-Club e.V. 80; Henkell & Co. Sektkellerei KG 82; Weingut Schloss Reinhartshausen 100; Eventhof Kisselmühle/Foto: Alexandra Messing 106; Stiftung Kloster Eberbach/Foto: Palmen 108; Rheingau Musik Festival Konzertgesellschaft/Foto: Schulze 110; Weingut Georg Müller Stiftung 112; Wein-und Sektgut F.B. Schönleber/Foto: Hans-Jürgen Heyer 116; Schloss Vollrads GmbH & Co. Besitz KG 118; Fürst von Metternich Winneburg'sche Domäne, Schloss Johannisberg GbR 122; Weingut Trenz/Foto: Woody T. Herner 124; WAAS.sche-Fabrik 130; Eibinger Zehnthof 136; Siegfrieds Mechanisches Musikkabinett 140; PetraStuening www.petra-stuening.de 152; Rößler Winzerwirtschaft 154; Udo Bernhart 170

QR-Code einscannen und kostenloses E-Book anfordern.

Besuchen Sie uns im Internet:
www.gmeiner-verlag.de

1., überarbeitete Neuauflage 2022
© 2011 – Gmeiner-Verlag GmbH
Im Ehnried 5, 88605 Meßkirch
Telefon 07575/2095-0
info@gmeiner-verlag.de
Alle Rechte vorbehalten

Lektorat/Redaktion: Ricarda Dück
Herstellung: Julia Franze
Bildbearbeitung/Umschlaggestaltung: Susanne Lutz
unter Verwendung der Illustrationen von © SG- design, © Birgit Brandlhuber © paul-louis, © DesignStudio RM, © VRD, © SylwiaNowik, © SimpleLine, © askaja – stock.adobe.com; © Katrin Lahmer; © Benjamin Arnold; © Susanne Lutz
Kartendesign: © Maps4News.com/HERE
Druck: AZ Druck und Datentechnik GmbH, Kempten
Printed in Germany
ISBN 978-3-8392-0168-8

Vorwort • Drei Regionen zum Erleben und Ausspannen
Historismus, Riesling und Wäldermeere   10

WIESBADEN

1	**Wiesbaden** • Streifzug durch die Landeshauptstadt *Hessisch mit römischen Wurzeln*	15
2	**Wiesbaden** • Rheingauer Weinwoche *Geselligkeit im Herzen der Stadt*	17
3	**Wiesbaden** • Unterwegs mit den Bahnen THermine und Lili *Auf historischer Tour de Wiesbaden*	19
4	**Wiesbaden** • Caligari-Filmbühne *Nostalgie in des Doktors Cabinet*	21
5	**Wiesbaden** • Straßenfest Theatrium *Glanz und Glamour auf der »Rue«*	23
6	**Wiesbaden** • Staatstheater *Tradition und Moderne vereint*	25
	Wiesbaden • Festivals *Kulturgenuss von Mai bis September*	26
7	**Wiesbaden** • Kurhaus *Den Quellen der Mattiaker gewidmet*	29
8	**Wiesbaden** • Spielbank Wiesbaden *Nervenkitzel unter Kronleuchtern*	31
9	**Wiesbaden** • Kurpark *Begegnung mit Fjodor Dostojewski*	33
10	**Wiesbaden** • Villa Clementine *Reale und fiktionale Schicksale*	35
11	**Wiesbaden** • Museum Wiesbaden *Gegensätze in Harmonie*	37
12	**Wiesbaden** • Murnau-Filmtheater im Deutschen Filmhaus *Kulisse für Stummfilmstars*	39
13	**Wiesbaden** • Frauenmuseum *Weibliche Spurensuche*	41
14	**Wiesbaden** • Kaiser-Friedrich-Therme *Nach römischem Vorbild*	43
15	**Wiesbaden** • Theater *künstlerhaus43* im Bergkirchenviertel *Die Kunst, das Publikum zu verführen*	45
16	**Wiesbaden** • Wanderweg *Via Mattiacorum* *Kultur auf Schritt und Tritt*	47

17	**Wiesbaden** • Theater *thalhaus*	
	Sternstunden im »Wohnzimmer«	49
18	**Wiesbaden** • Fahrt mit der Nerobergbahn	
	Mit Wasserkraft bergauf 👪	51
19	**Wiesbaden** • Russisch-orthodoxe Kirche	
	Ein Wahrzeichen der Liebe	53
20	**Wiesbaden** • Opelbad	
	Schöner schwimmen 👪	55
21	**Wiesbaden** • Neroberg	
	Auf Wiesbadens Hausberg	57
22	**Wiesbaden** • Kletterwald Neroberg	
	Kletterpartien in luftiger Höhe 👪	59
23	**Wiesbaden** • Leichtweißhöhle	
	Die zwei Leben eines Wilderers 👪	61
24	**Wiesbaden** • Ausflug ins Goldsteintal	
	Seltenheiten im Waldwiesental	63
25	**Wiesbaden** • Jagdschloss Platte	
	Ein Schirm für die Schlossruine	65
26	**Wiesbaden** • Tier- und Pflanzenpark Fasanerie	
	Wohngemeinschaft für Wölfe und Bären 👪	67
	Natur • Unerwartete Begegnungen	
	Schlafbäume und Schlangennester	68
27	**Wiesbaden** • Schloss Freudenberg	
	Erleben und Staunen 👪	71
28	**Wiesbaden** • Goethestein in Frauenstein	
	Anekdoten aus dem Obstgarten	73
29	**Wiesbaden** • Schiersteiner Hafen	
	Mediterranes Flair in »Scheerstaa«	75
30	**Wiesbaden** • Rettbergsaue im Rhein	
	Reif für die Insel 👪	77
31	**Wiesbaden** • Schlosspark Biebrich	
	Wassergemurmel bei der Ritterburg	79
32	**Wiesbaden** • *Longines PfingstTurnier* im Biebricher Schlosspark	
	Für Pferdefreunde und Flaneure	81
33	**Wiesbaden** • Sektkellerei Henkell	
	Sieben Stockwerke in den Untergrund	83
34	**Wiesbaden** • Kasteler Strand	
	Sonnenbad am Rheinufer 👪	85

RHEINGAU

Region • Rheingau
Als der Bischof nach Verona reiste — 88

35 **Hochheim am Main** • Erkundung der Wein- und Sektstadt
Genießen wie die Majestäten — 91

36 **Flörsheim am Main** • Flörsheimer Warte
Wächter der Wickerer Weinberge 🍴 — 93

37 **Eltville am Rhein** • Kurfürstliche Burg
Ein Mainzer wird Hofmann — 95

38 **Eltville am Rhein** • Rosengarten der Kurfürstlichen Burg
Blütenzauber im Burggraben — 97

39 **Eltville am Rhein** • Von der Altstadt zur Rheinpromenade
Blühende Fachwerkstadt — 99

40 **Eltville am Rhein** • Weingut Schloss Reinhartshausen
Die Insel der Prinzessin von Preußen — 101

41 **Kiedrich** • Von der Burgruine Scharfenstein ins Winzerstädtchen
Wo das Mittelalter hörbar wird — 103

Geschichte • Rheinromantik
Burgenidylle am Vater Rhein — 104

42 **Eltville am Rhein** • Eventhof Kisselmühle
Mit Lamas durch den Rheingau 👪 — 107

43 **Eltville am Rhein** • Kloster Eberbach
Im Namen der Rose — 109

44 **Eltville am Rhein** • Steinberger Tafelrunde in Hattenheim
Im Lieblingsweinberg der Mönche — 111

45 **Eltville am Rhein** • Weingut *Georg Müller Stiftung* in Hattenheim
Lichtobjekte in verborgenen Winkeln 🍴 — 113

46 **Eltville am Rhein** • Hattenheim
Fachwerkromantik am Weinmarkt — 115

47 **Oestrich-Winkel** • Wein- und Sektgut F. B. Schönleber
Rheingauer Sektleidenschaft 🍴 — 117

48 **Oestrich-Winkel** • Schloss Vollrads mit Gutsrestaurant
Goethes »wunderlicher« Turm 🍴 — 119

49 **Oestrich-Winkel** • Vom Grauen Haus zum Oestricher Kran
Deutschlands ältestes Steinhaus — 121

50 **Geisenheim** • Schloss Johannisberg
Verspätung mit Folgen — 123

51	**Geisenheim** • Weingut und Gutausschank Trenz in Johannisberg
	Auf alten und neuen Wegen 🍴 125
52	**Geisenheim** • Johannisberg mit Kloster und Burg Schwarzenstein
	Ein Ort in Rosenblüte 127
53	**Geisenheim** • Kloster Marienthal
	Ein Ort des Innehaltens 129
54	**Geisenheim** • Kulturzentrum WAAS.sche-Fabrik
	Kultur unter der Lichtkuppel 131
55	**Geisenheim** • Historischer Kern
	Lindenstadt mit Sinn für Wein 133
56	**Rüdesheim am Rhein** • Klosterweingut der Abtei St. Hildegard
	Weinbau auf Hildegards Spuren 🍴 135
57	**Rüdesheim am Rhein** • Weingut und Gutsausschank Eibinger Zehnthof
	Traubenmaische als »Zehnter« 🍴 137
58	**Rüdesheim am Rhein** • Drosselgasse und Museen
	Zwischen Adelshöfen und Drosselgasse 139
59	**Rüdesheim am Rhein** • Siegfrieds Mechanisches Musikkabinett im Brömserhof
	Jonas und das »Achte Weltwunder« 141
60	**Rüdesheim am Rhein** • Rheinschifffahrten
	Burgen und Höhen im freien Blick 143
61	**Rüdesheim am Rhein** • Niederwalddenkmal
	Rückschau mit Fernblick 145
62	**Rüdesheim am Rhein** • Osteinscher Niederwald
	Des Grafen romantisches Kleinod 147
63	**Rüdesheim am Rhein** • Höllenberg in Assmannshausen
	Höllisch steile Rotweinlagen 149
64	**Rüdesheim am Rhein** • Rotweinlaube in Assmannshausen
	Picknicken wie ein Filmstar 151
65	**Lorch am Rhein** • Weingut Altenkirch
	Von Hand gelesen 153
66	**Lorch am Rhein** • Rößler Winzerwirtschaft
	Im »Welterbe-Gärtchen« 🍴 155
67	**Lorch am Rhein** • Wanderung zur Burg Nollig
	Ein Stück Rheinsteig schnuppern 157

68	**Lorch am Rhein** • Landmuseum Ransel	
	Nach Großväter Art	159
69	**Lorch am Rhein** • Wispertalsteig in Espenschied	
	Aus den Tiefen zu den Höhen	161
	Wandern • Fernwanderwege	
	Genuss auf weiten Wegen	162

NATURPARK RHEIN-TAUNUS

	Region • Naturpark Rhein-Taunus	
	In Wäldern und auf Wiesen	166
70	**Heidenrod** • Wispersee	
	Raunen und rauschen im ruhigen Tal	169
71	**Schlangenbad** • Erkundung des Kur- und Badeorts	
	Badevergnügen im Quellwasser	171
72	**Bad Schwalbach** • Elisabethtempel im Kurort	
	Kaiserlich Baden und Entspannen	173
73	**Hohenstein** • Burg Hohenstein	
	Trutzige Kulisse für Theaterfans	175
74	**Aarbergen** • Golfgreen Aarbergen	
	Abenteuer mit Bahnen und Bällen	177
75	**Hahnstätten** • Radfahren im Aartal	
	Radlerspaß am Wasserlauf	179
76	**Burgschwalbach** • Märchenwald Burgschwalbach	
	Knusper, knusper, knäuschen	181
77	**Hohenstein** • Limesrundweg	
	Auf friedlichen Pfaden	183
78	**Taunusstein** • Kastell Zugmantel	
	Römische Spuren	185
79	**Idstein** • Erkundung der Altstadt	
	Fachwerk ist kein Hexenwerk	187
80	**Idstein** • Jazzfestival in der Altstadt	
	Taunusstadt der tausend Töne	189
81	**Niedernhausen** • Geoerlebnispfad Oberjosbach	
	Von Eiszeiten, Erdbeben und Erosionen	191

HISTORISMUS, RIESLING UND WÄLDERMEERE
Drei Regionen zum Erleben und Ausspannen

Ein Ort, an dem man einen ganzen Tag verbringen möchte – oder für eine Viertelstunde innehalten: Lieblingsplätze sind etwas sehr Persönliches. Orte, die das Zeug zu einem Lieblingsplatz haben, stellt dieses Buch vor. Wobei sich den Klassikern weniger bekannte Orte zugesellen. Eine subjektive Auswahl? Sicherlich! Und keinesfalls vollständig. Weswegen dieses Buch eine Einladung ist, nicht nur die genannten Lieblingsplätze zu besuchen, sondern auch während der Erkundungsfahrten eigene Entdeckungen zu machen. In diesem reichhaltigen Schatz an Sehenswertem, mit dem Wiesbaden als traditionsreiche Kur- und Kulturstadt, der vielgestaltige Naturpark Rhein-Taunus und die Kulturlandschaft Rheingau aufwarten können.

Wein, Wald und Wasser. Burgen, Schlösser und Klöster. Kunst und Kultur. Das sind die Themen, auf die immer wieder stößt, wer Wiesbaden und seine Nachbarn, den Naturpark Rhein-Taunus und den Rheingau, besucht. Oder zu den Glücklichen zählt, die hier leben. Natürlich dürfen in einem Kulturführer die Spitzenreiter der Ausflugsziele nicht fehlen. In Wiesbaden muss man neben dem Kurhaus und Wiesbadener Museum auf jeden Fall den Neroberg gesehen haben. Hinauf geht es mit einer Museumsbahn, der Nerobergbahn. Nach dem Ausblick vom Pavillon steht ein Spaziergang zur Russischen Kirche an. Ebenfalls sehenswert sind der Schiersteiner Hafen, das Schloss Freudenberg und das *frauen museum*. Im Rhein-Taunus empfiehlt sich ein Besuch der »Hexenstadt« Idstein, deren schmucke Altstadt einmal im Jahr von Jazzklängen widerhallt. Im Rheingau gehören das Kloster Eberbach und Schloss Johannisberg zum unbedingten Muss. Wegen der historischen Gebäude und der außergewöhnlichen Lage. Aber auch, weil sich beide in die Reihe der bedeutendsten Weingüter einreihen. Womit wir beim zweiten Schwerpunkt des Buches angelangt sind.

Winzer der Region nehmen uns mit in ihre Weinberge, gewähren einen Blick in die Weinkeller und lassen uns wissen, was die Einzigartigkeit ihres Weinguts ausmacht. Ob ein Keller voller Kunstobjekte oder die Einladung zu einer Schlenderweinprobe. Die vorgestellten Winzer stehen stellvertretend für viele Berufskollegen, deren Weine den Rheingau berühmt gemacht haben und unter denen sich manch ein Geheimtipp ausmachen ließe.

Zu den Geheimtipps unter den Ausflugszielen gehören auch Lieblingsorte, die zu Fuß erobert sein wollen. Wie die Burg Nollig hoch über Lorch, zu der ein Wegstück des Rheinsteigs hinaufführt. Oder die Rotweinlaube bei Assmannshausen, die uns einen grandiosen Ausblick auf das UNESCO-Welterbe Oberes Mittelrheintal schenkt. Ein zweites UNESCO-Welterbe stellt der Obergermanisch-Rätische Limes dar, den wir auf dem Limesrundweg oder dem archäologischen Lehrpfad am Kastell Zugmantel ein Stück begleiten. Neben diesen kürzeren Wanderstrecken kann man einen ganzen Tag lang unterwegs sein. Im Osteinschen Park beispielsweise, in dem wir die Rheinromantik in vollen Zügen genießen. Oder in aller Abgeschiedenheit auf dem Wispertalsteig. Wer nicht allein wandern möchte, wählt sich in der Kisselmühle einen ungewöhnlichen Vierbeiner als Begleiter. Die Lamas bereichern mit ihrem sanftmütigen Wesen jeden Familienausflug.

Neben den erlebnisreichen Touren und kulturellen Veranstaltungen darf das Genießen natürlich nicht zu kurz kommen. Ein Platz der Superlative bietet sich an der »längsten Tafel der Welt« im Steinberg. Für Entspannung sorgen die Thermalquellen. Wie in der historischen Kaiser-Friedrich-Therme in Wiesbaden. Oder in den Bädern der geschichtsträchtigen Kurorte Schlangenbad und Bad Schwalbach. Wer sich einfach nur ausruhen möchte, fährt mit dem Schiff auf die Rettbergsaue oder besucht den Kasteler Strand . Ob erleben, genießen oder Neues erfahren: In Wiesbaden, Rhein-Taunus und Rheingau findet jeder seine ganz persönlichen Lieblingsplätze.

Über weitere Details sowie eventuelle Veranstaltungstipps und Öffnungszeiten informieren die jeweils angegebenen Homepages der Plätze.

1

Streifzug durch Wiesbaden
Startpunkt:
Tourist-Information
Marktplatz 1
65183 Wiesbaden
0611 1729930
www.wiesbaden.de

HESSISCH MIT RÖMISCHEN WURZELN
Streifzug durch die Landeshauptstadt

Wiesbaden wurde auf heißen Quellen erbaut. Dort, wo einst römische Legionäre Entspannung und Erholung suchten, entwickelte sich über zwei Jahrtausende eine Stadt, die bis in die Gegenwart von ihrer Blütezeit als Bade- und Kurstadt im 19. Jahrhundert geprägt ist. Stolz nennt sie sich »Stadt des Historismus«. Baudenkmäler auf Schritt und Tritt begegnen dem Besucher im Dichter- und Rheingauviertel und im Feldherrenviertel. Kurhaus und Theater repräsentieren das mondäne Leben kaiserlicher Zeiten. In der hessischen Landeshauptstadt gibt es Außergewöhnliches zu entdecken.

Ihren Ruf als Kur- und Badestadt verdankt Wiesbaden vermuteten 27 Thermalquellen. Aus dem Kochbrunnen sprudelt Wasser aus insgesamt 15 Quellen mit einer Temperatur von 68°C. Roter Sinter, wie er als dicke Schicht den Brunnen überzieht, diente vor zwei Jahrtausenden modebewussten Römerinnen als Haarfärbemittel. Am Trinkbrunnen im Kochbrunnentempel kann probiert werden, was bis in unsere Zeit als Heilwasser gilt und bereits damals hoch geschätzt wurde.

Das Herz der Stadt, der Marktplatz, wird umrahmt von der mit rotem Tonstein verkleideten Marktkirche und dem ehemaligen Stadtschloss der Herzöge von Nassau, in dem nun der Hessische Landtag residiert. Die Stadt wird im Neuen Rathaus verwaltet, das 1887 im Stil der deutschen Renaissance gebaut wurde und nach dem Zweiten Weltkrieg instand gesetzt werden musste. Mit wenigen Schritten erreicht man Wiesbadens Altstadt mit ihren zahlreichen Restaurants und Kneipen. Am heutigen Kochbrunnenplatz gründeten die Römer ihre Niederlassungen. Ein sichtbarer Zeuge aus der römischen Zeit ist die Heidenmauer mit dem Römertor. Die Holzkonstruktion wurde 1902 auf Fragmenten römischen Ursprungs errichtet. Die uralten Mauerreste aus dem 3. bis 5. Jahrhundert sind nicht nur die ältesten römischen Bauwerke Wiesbadens, sondern vermutlich von ganz Hessen.

Auf dem Marktplatz und dem angrenzenden Dern'schen Gelände finden der Wochenmarkt, die Rheingauer Weinwoche und der weihnachtliche Sternschnuppenmarkt statt.

2

Rheingauer Weinwoche
Schlossplatz (Festplatz)
65183 Wiesbaden

**Wiesbaden
Marketing GmbH**
Postfach 6050
65050 Wiesbaden
0611 312499
www.wiesbaden-
marketing.de

GESELLIGKEIT IM HERZEN DER STADT
Rheingauer Weinwoche

Wenn sich im August das Areal rund um das Rathaus für zehn Tage in die »längste Weintheke der Welt« verwandelt, scheint die gesamte Stadt auf den Beinen zu sein. Auch von außerhalb strömen die Menschen herbei, um sich die Rheingauer Weine schmecken zu lassen. Wo sonst hätte der Weinfreund die Gelegenheit, zwischen Weinen und Sekten von rund 100 Winzern aus der Region zu wählen? Für Auge und Ohr wird außerdem etwas geboten.

Seit 1976 gehört die Rheingauer Weinwoche zur besten Wiesbadener Tradition. Zu früheren Zeiten in der Fußgängerzone angesiedelt, präsentieren sich die Winzer aus dem Rheingau und den Wiesbadener Vororten heute zwischen Hessischem Landtag und Neuem Rathaus und vor der Kulisse der backsteinroten Marktkirche. Das benachbarte Dern'sche Gelände bietet genügend Raum für weitere Stände. Traditionsgemäß beginnt der Weinausschank vormittags um elf Uhr. Beim Frühschoppen geht es ruhig zu. Gegen Nachmittag wird es lebhaft, und am Abend füllt sich der Raum zwischen den Buden mit Besuchern. An Weinständen und Tischen treffen Weinfestneulinge auf alte Hasen und hören von begeisterten Weinfestbesuchern, die sich Urlaub nehmen, um die Weinwoche unbeschwert zu genießen. Auf den Bühnen rund um das Rathaus treten Livebands auf. Je nach Musikgeschmack lässt man sich in der Nähe nieder oder zieht eine Ecke weiter. Unter den angebotenen Weinen steht der Riesling im Vordergrund. Doch auch wer einen Grauburgunder, einen Chardonnay oder einen Rotwein aus dem Rheingau probieren möchte, kommt auf seine Kosten. Es muss nicht in jedem Glas ein Rheingauer sein. Die Winzer der Wiesbadener Partnerstädte scheuen die Konkurrenz nicht. Und wenn jemand gar keinen Wein mag? Weinmuffel zieht es zum Bierausschank – dem einzigen auf der Weinwoche. Für Autofahrer empfiehlt sich der Stand, an dem reines Wasser zum Durstlöschen zu haben ist. Eine willkommene kostenlose Erfrischung für zwischendurch.

Wer sich von der hiesigen Prominenz bedienen lassen möchte, besucht den Stand des Wiesbadener Kuriers. *Dort wird im Schichtbetrieb für eine Spendenaktion ausgeschenkt.*

3

Bahntour mit THermine und Lili
Start: Haltepunkt Markt
Marktplatz
65183 Wiesbaden

Touristikbahn Wiesbaden
Fritz-Haber-Straße 7
65203 Wiesbaden
0611 58939464
www.THermine.de

AUF HISTORISCHER TOUR DE WIESBADEN
Unterwegs mit den Bahnen *THermine und Lili*

Seit 2003 fügt sich die weinrot-glänzende *THermine* ins Wiesbadener Stadtbild wie Kochbrunnen, Kurhaus und Russische Kirche. Einige Jahre später gesellte sich die blau-weiß-gelbe Dreililienbahn *Lili* dazu. Zwei Lieblingsplätze, die mit höchstens 25 Stundenkilometern voranrollen und dem Fahrgast alle Muße bieten, die Stadt aus ungewohntem Blickwinkel zu entdecken. Angefangen hatte alles mit einer Reise nach Baden-Baden, die der Wiesbadener Andreas Wagner bei einem Radio-Quiz gewonnen hatte. Nach einer Fahrt mit der dortigen Kleinbahn stieg er mit der Idee wieder aus: »Das wäre was für Wiesbaden!«

Bis alles auf festen Füßen stand, sollten Monate vergehen. Heute ziehen *THermine* und *Lili* nicht allein Touristen an. »Viele Wiesbadener sind mehrmals im Jahr dabei und sehen sich mit leuchtenden Augen um«, weiß Andreas Wagner, der sich gern selbst hinters Steuer setzt. Die Route verläuft abseits der üblichen Bus- und Autostrecken, führt durch Villenviertel und verbindet die Sehenswürdigkeiten der Stadt. Unterwegs genügt es Andreas Wagner keinesfalls, nur pure Fakten zu präsentieren. Vor allem möchte er die Fahrgäste bestens unterhalten, sie für eine Stunde aus ihrem Alltag entführen. Einige Takte klassischer Musik machen zum Beispiel auf eine Villa aufmerksam, die Johannes Brahms im Sommer 1883 bewohnte. Damit die Jüngsten mit Spaß bei der Sache bleiben, verfasste Andreas Wagner für spezielle Kindertouren sogar ein Hörspiel. Der Wiesbadener Moderator und Schauspieler Nick Benjamin, der auch alle übrigen Texte sprach, stellt sich darin als geduldiger »Großvater« den kecken Fragen seiner »Enkelin« Maxi. Die Vorlage dafür lieferte ein Kinderbuch, das Andreas Wagner geschrieben hat: *THermine und das verschwundene Bild*.

Es sind auch die kleinen Dinge, die den Ausflug mit *THermine* und *Lili* zum Erlebnis machen. Wie der Schaffner mit Umhängetasche, der die Fahrkarten abknipst.

Die Haltestellen liegen am Markt (vis-à-vis der Tourist-Information), an der Russischen Kirche und am Fuß der Nerobergbahn. Tickets sind beim Fahrer und im Touristenbüro erhältlich.

4

Caligari *FilmBühne*
Marktplatz 9
65183 Wiesbaden
0611 315050
www.wiesbaden.de/caligari

NOSTALGIE IN DES DOKTORS CABINET
Caligari FilmBühne

»Immer deutlicher spürte man in letzter Zeit die Versuche denkender Filmregisseure, den Film in neue, weiterführende Wege zu leiten«, schrieb ein Filmkritiker zur Premiere, und ein Kollege urteilte über dasselbe Werk: »Sein wirklicher Wert liegt darin, dass mit ihm ein völlig neuer, und künstlerisch neuer, Entwicklungsabschnitt des Films erreicht ist.« Lobende Worte über ein expressionistisches Kunstwerk, das im Jahr 1920 Filmgeschichte schrieb. Und nach dem die Wiesbadener *FilmBühne* ihren Namen erhielt: *Das Cabinet des Dr. Caligari*.

Kinofreunde und Filmbegeisterte können gar nicht daran vorbei: An der *Caligari FilmBühne*, kurz »Caligari« genannt, die mit ihrem Namen nicht allein an ein filmisches Meisterwerk erinnert, sondern das Publikum mit cineastischen Kostbarkeiten verwöhnen möchte. Die Klassiker gehören ebenso zum Repertoire wie zeitgenössische Filme, unter anderem Werke viel versprechender Nachwuchs-Regisseure, die sich gemeinsam mit renommierten Filmemachern in einem der Filmfestivals verschiedener Genres vorstellen dürfen. Wie das *FernsehKrimi-Festival*, das *exground filmfest* oder *GoEast*, das mittel- und osteuropäische Filme ins Blickfeld der westlichen Öffentlichkeit rückt, und andere mehr. Und das alles in einem festlichen Erscheinungsbild, das dem Anspruch des Programms gerecht wird: Im denkmalgeschützten Haus ein Saal, dessen Stuckdecke in dynamischen Wellen über die rot beplüschten Sessel hinwegschwingt. Mit einem Stummfilmtheater fing es an. 1926 im Schatten der Marktkirche aufwendig und dem Zeitgeschmack entsprechend im neogotischen Stil gebaut: das *Ufa im Park*. In der Nachkriegszeit zog der Stil der 50er-Jahre ein. Besagte Stuckdecke entstammt einer solchen Renovierung und fügt sich ansprechend in die ursprüngliche Gestaltung ein. Nach diesem Prinzip, die vorhandenen Elemente bestehen zu lassen, ließ die Stadt Wiesbaden das Kino 1990 instand setzen. Das Caligari fühlt sich eben nicht allein der Kunst im Film, sondern auch der Architektur verpflichtet, wie die Verleihung des Hessischen Denkmalschutzpreises beweist.

Kunterbuntes Kinderkino: Zur Geburtstagsfeier mit allen Freundinnen und Freunden ins *Caligari!* Oder wie wäre es mit einem Familienkinonachmittag am Wochenende?

5

Theatrium/Wilhelm-straßenfest
(Frühjahr)
Wilhelmstraße
65189 Wiesbaden
www.wiesbaden.de

Wiesbaden

GLANZ UND GLAMOUR AUF DER »RUE«
Straßenfest Theatrium

»Theater« und »Atrium« standen Pate, als das erste *Theatrium* zur Wiedereröffnung des 1977 renovierten Staatstheaters ins Leben gerufen wurde. Wiesbadens prächtigste Straße – die *Rue* – war Namensgeber für die schlichte Bezeichnung »Wilhelmstraßenfest«.

Die *Rue* im Ausnahmezustand: Seit 1978 lockt das Theatrium in jedem Frühjahr Tausende von Besuchern auf die Wilhelmstraße, den *Warmen Damm* und das *Bowling Green* vor dem Kurhaus. Was vor Jahrzehnten begann, ist heute ein fester Termin im Jahresablauf der feierfreudigen Wiesbadener. Keine Frage, dass das Wilhelmstraßenfest auch unzählige Besucher von nah und fern in seinen Bann zieht. Das mehrtägige Spektakel entlang der *Rue* besticht durch sein besonderes Flair. Und dank eines Angebots, das seinesgleichen sucht.

Wiesbaden wäre nicht Wiesbaden, wenn nicht von Anfang an neben Bier und Bratwurst auch Champagner und Austern serviert worden wären. Seit den ersten Veranstaltungen hat sich die Palette der angebotenen Speisen ständig erweitert. Neben den Gaumenfreuden kommen Auge und Ohr nicht zu kurz. Vieles gibt es zu entdecken beim Schlendern über den Markt der Kunsthandwerker. Musiker aller Sparten geben ihr Bestes auf allen Bühnen des Festgeländes. Sympathisch, dass neben gestandenen Künstlern auch dem Nachwuchs ein Forum geboten wird. Musikschüler und Jugendgruppen der Tanzschulen erleben auf der Bühne vor dem Kurhaus ihre ersten Auftritte vor großem Publikum. Ein breites Spektrum, wie es für das Wilhelmstraßenfest erwünscht ist. Vielleicht ist es gerade der Spagat zwischen Kultur und Kommerz, zwischen Hummer und Spießbraten, der das Theatrium so anziehend macht, dass abends bei gutem Wetter kaum ein Durchkommen ist. Dann herrscht Partystimmung auf der *Rue!* Wer es ruhiger liebt, macht sich besser am Nachmittag auf, bummelt entlang der Stände und lässt das bunte Bild auf sich wirken. Hier treffen Alt und Jung aufeinander, und so manch ein Besucher erinnert sich an vergangene Zeiten. Als das Theatrium ebenso jung war.

Abwechslung ist das Motto der Theatrium-Macher. Für jede Generation: Spiel und Spaß für die Kinder, und auf den Bühnen neben Bewährtem Bands für einen jugendlichen Musikgeschmack.

6

Hessisches Staatstheater Wiesbaden
Christian-Zais-Straße 3
65189 Wiesbaden
0611 132325
www.staatstheater-wiesbaden.de

TRADITION UND MODERNE VEREINT
Staatstheater

Um ein Haar stünde das Hessische Staatstheater nahe der Marktkirche auf dem Dern'schen Gelände. Um den Standort wurde heftig gestritten, bis sich Kaiser Wilhelm II., zum Stolz der Bürger ein treuer Gast der Kurstadt, höchstpersönlich einmischte. Mit kaiserlichem Einsatz gelangte das Staatstheater in die Nachbarschaft des Kurhauses. Der Kaiser nahm teil an der feierlichen Eröffnung des *Hoftheaters* im Oktober 1894.

Der hohe Gast soll sich mit der Bemerkung, dass man »so etwas in Berlin nicht habe«, beeindruckt von der ausgefeilten Bühnentechnik gezeigt haben. Am pompösen Foyer durfte er sich zur Einweihung noch nicht erfreuen. Der neobarocke Bau, dessen üppige Ausstattung uns heute staunen lässt, wurde erst acht Jahre später vom Wiesbadener Stadtbaurat Felix Genzmer erbaut und war auf die damalige gesellschaftliche Hierarchie ausgerichtet. Während die Besucher aus Parkett und erstem Rang einen unmittelbaren Zugang hatten, konnte man aus dem zweiten Rang nur einen Blick auf die illustre Gästeschar erhaschen. Wer sich mit dem dritten Rang bescheiden musste, dem blieb jeder Einblick verwehrt. Heute steht das Foyer in der Pause allen Besuchern offen. Denen des Großen Hauses wie auch denen des Kleinen Hauses, dessen sachliche Ausgestaltung einen Kontrast zum prunkvollen Großen Haus darstellt. Als dritte Bühne steht das Studio zur Verfügung, so dass drei Aufführungen gleichzeitig stattfinden können. Dazu kommt die Wartburg in der Schwalbacher Straße. Alles in allem beste Bedingungen für ein Theater mit einer über hundertjährigen Geschichte. Eines allerdings, das anfangs für Kritik und Spott sorgte, kann noch heute zur Verwirrung führen. Der hohe Säulengiebel mit Auffahrt, der das Gebäude auf der Seite zum *Warmen Damm* schmückt, dient nur dem Transport der Dekorationen. Der bescheidene Besuchereingang versteckt sich in den Kolonnaden. Was Wilhelm II. nicht zu kümmern brauchte. Majestät verfügte über eine höchsteigene Zufahrt.

Die Internationalen Maifestspiele bieten jedes Jahr eine Fülle hochkarätiger Aufführungen und locken Künstler und Zuschauer aus dem In- und Ausland in die hessische Landeshauptstadt.

KULTURGENUSS VON MAI BIS SEPTEMBER
Festivals

Im Mai wird Wiesbaden zur Bühne: Mit täglichen Vorstellungen in fünf Spielstätten lassen Künstler und Künstlerinnen aus aller Welt die *Internationalen Maifestspiele* zu einem vielsprachigen Ereignis werden. Ensembles aus Oper, Theater, Ballett und Schauspiel treten in der hessischen Landeshauptstadt auf. Nach dem Ausklingen der Festspiele müssen sich die Liebhaber der klassischen Musik nicht lange gedulden. Von Ende Juni bis Ende August stehen Wiesbaden und der Rheingau im Zeichen des *Rheingau Musik Festivals.* Pünktlich zur Weinlese im September geht es weiter mit einem außergewöhnlichen *Lese-Ereignis.* Beim *Rheingau Literatur Festival* stellen Autorinnen und Autoren ihre Werke einem größeren Publikum in Kelterhallen und Weingütern sowie in Klöstern und Schlössern vor.

Als *Kaiserfestspiele* fanden die ersten Maifestspiele im Mai 1896 statt. Was Richard Wagner und Bayreuth auf die Bühne bringen, das können wir auch, scheinen sich die Wiesbadener vorgenommen zu haben und begründeten die zweitältesten Festspiele Deutschlands. Man war bestens vorbereitet für ein so anspruchsvolles Ereignis. Zwei Jahre zuvor war das neue *Hoftheater* im Beisein Wilhelms II. eröffnet worden. In seiner Funktion als preußisches Staatstheater, das zudem als das Lieblingstheater des Kaisers galt, verfügte das Wiesbadener Theater über beste Beziehungen zu Berlin und wusste den wilhelminischen Glanz zu nutzen, den der hauptstädtische Adel in die Stadt mitbrachte. Wiesbaden galt als Sprungbrett für die große Karriere. Doch nicht jeden Künstler zog es an die Häuser in Berlin, Dresden und München. Manch einer blieb gern in der wachsenden Wohnstadt Wiesbaden.

Mit dem Ausbruch des Ersten Weltkriegs 1914 war es vorbei mit den *Kaiserfestspielen.* Auch in den Nachkriegsjahren, während des Zweiten Weltkriegs und bis Ende der 1940er-Jahre ruhten die Festspiele. Mit dem Neubeginn 1950 wurden die *Internationalen Maifestspiele* konzipiert. Man wollte sich bewusst aus der »Nationalkultur« lösen. Die Öffnung zum Ausland erhielt ein ebenso großes Gewicht wie die Absicht, neben den Klassikern auch in Deutschland weitgehend unbekannte Stücke zu zeigen. In den glanzvollen 1970er- bis 1980er-Jahren durften die Veranstalter finanziell aus dem Vollen schöpfen. Heute begegnet man den Zwängen der begrenzten Mittel mit dem Leitspruch: »Qualität statt Quantität«.

Das *Rheingau Musik Festival* bildet den zweiten kulturellen Höhepunkt des Jahres und führt die Besucher in ungewöhnliche Konzertsäle wie in die Basilika des Klosters Eberbach, auf kleine Weingüter und in Rheingauer Dorfkirchen. Das sommerliche Musikerlebnis verwöhnt mit rund 150 Konzerten hochkarätiger Musiker. Ein vielseitiges Programm, in dem Klassik und Jazz zueinanderfinden und selbst das Kabarett nicht außen vor bleibt. Für die Festivalbesucher von übermorgen gibt es ein Kinderprogramm. Kein Wunder bei diesem Angebot, dass sich, wer als Zuschauer dabei sein möchte, beim Vorverkauf sputen muss – ungeachtet des Kontingents von über 100.000 Karten. Ist das Konzert, wie so oft, ausverkauft, rät ein erfahrener Festivalgast, es direkt an der Abendkasse zu probieren. Der Versuch könne sich lohnen! Verdanken dürfen Musikfreunde aus aller Welt diesen Kulturgenuss einer privaten Initiative.

Bis heute werden die Konzerte weitgehend frei von staatlichen Zuschüssen auf privatwirtschaftlicher Basis und mit der Unterstützung von Sponsoren veranstaltet. 1987 gründete Michael Herrmann, der Festivalintendant, mit weiteren Musikbegeisterten in Rüdesheim den Verein Rheingau *Musik Festival e. V.*. Nachdem der Verein über Jahre selbst Veranstalter war, setzt er sich heute als Förderverein für das Musikfest ein. Und nicht nur das: Seit 1993 ergänzt zudem das *Rheingau Literatur Festival* die kulturelle Szene, die mit der Vergabe des *Rheingau Literaturpreises* gekrönt wird. Zum Geldpreis erhält der Preisträger 111 Flaschen Riesling obenauf! Die doppeldeutige *WeinLese* mit einer feinen, kleinen Veranstaltungsreihe möchte den Genuss von Literatur und Wein verknüpfen. Ein Anliegen, das sich wohl nirgendwo angenehmer verwirklichen ließe als im Rheingau.

Aktuelle Programme und Informationen unter :
www.staatstheater-wiesbaden.de
www.rheingau-musik-festival.de
www.rheingau-literatur-festival.de

1

Kurhaus Wiesbaden
Kurhausplatz 1
65189 Wiesbaden
0611 1729290
www.kurhaus-wiesbaden.de

DEN QUELLEN DER MATTIAKER GEWIDMET
Kurhaus

»Bowling Green« nennen die Wiesbadener die von Platanen gesäumte Rasenfläche, deren eine lange Seite von den Theaterkolonnaden begrenzt wird. Gegenüber liegen die Brunnenkolonnaden, die mit 129 Metern längste Säulenhalle Europas. Aus der Rasenmitte erheben sich zwei überschäumende Kaskadenbrunnen. Auf dem von sechs Säulen gestützten Portikus des Wiesbadener Kurhauses prangt weit sichtbar die Aufschrift »Aquis Mattiacis«.

Der Eintritt in das Foyer steht dem Besucher in der Regel von beiden Seiten offen – ob über das *Bowling Green* oder vom Kurpark aus. Die Blicke wandern in alle Richtungen, während man über das schwarz-weiße Fußbodenmosaik schlendert, mit dem Kopf im Nacken, hinauf in die 21 Meter hohe Glaskuppel schaut und die Bedeutung der vier griechischen Götterstatuen zu ergründen versucht, die von ihren Sockeln auf die Besucher herabschauen. Für die Erinnerung an Wiesbadens römische Vergangenheit sind oberhalb der Statuen vier runde Mosaike zuständig. Sie stellen Begebenheiten aus der römischen Götterwelt dar. Um das Jahr 1900 stand Wiesbaden ganz im Zeichen der Badekultur. Was Rang und Namen hatte, reiste nach Wiesbaden. Das ursprüngliche Kurgebäude – ein klassizistischer Kursaal von Christian von Zais – sollte einem größeren Haus weichen, was viele Bürger bedauerten. Sogar der für den Neubau beauftragte Architekt Friedrich von Tiersch äußerte sich darüber betroffen. Und doch: 1907 wird das neue Kurhaus eröffnet. Die Wandelhalle gibt uns einen Vorgeschmack auf die prunkvolle Ausstattung der zehn Säle, in denen Kulturveranstaltungen und Konzerte stattfinden und die zum Teil im Rahmen einer Stadtführung zu besichtigen sind. Der Weg in die berühmte Wiesbadener Spielbank führt ebenfalls durch das Foyer. Die Bezeichnung »Bowling Green« soll übrigens auf englische Kurgäste zurückgehen, die damals gern und in größerer Anzahl in Wiesbaden Erholung suchten. Ob sie sich vor dem Kurhaus tatsächlich mit dem Bowlsport vergnügten, ist nicht überliefert.

Das Kurhaus bietet über das Jahr eine Fülle von Veranstaltungen. Von klassischen und Orgelkonzerten bis hin zur rauschenden Silvester-Party mit Feuerwerk.

8

Spielbank Wiesbaden GmbH & Co. KG
Kurhausplatz 1
65189 Wiesbaden
0611 536100
www.spielbank-wiesbaden.de

NERVENKITZEL UNTER KRONLEUCHTERN
Spielbank Wiesbaden

Gedämpfte Schritte auf dem Teppichflor, gemurmelte Platzierungswünsche und das Klacken der Jetons auf den Roulettetischen und in den Händen der Spieler: Es herrscht eine Art entspannte Arbeitsatmosphäre, die den Gast der Wiesbadener Spielbank umfängt. Was das Eintreten auch für jene Besucher reizvoll macht, die keine Spielernaturen sind. Die lieber den anderen beim Setzen zusehen, dabei die neoklassizistische Innenarchitektur bestaunen – und sich vielleicht doch noch, wie einst der Dichter Dostojewski, zum Spielen verlocken lassen.

Fjodor Dostojewski war das Glück im Spiel nicht gewogen. Allerdings, dem Schicksal des russischen Dichters gilt es nicht nachzueifern. Im Wiesbadener Casino muss niemand große Summen wagen – obwohl hier deutschlandweit die höchsten Einsätze riskiert werden dürfen. Für ein kleines Eintrittsgeld ist man, sofern das Erscheinungsbild der Kleiderordnung entspricht, eingeladen in die elegante Welt des Glücksspiels, das seit 1985 im ehemaligen Weinsaal des Kurhauses beherbergt ist. Erwünscht ist eine dem Ambiente angemessene Kleidung, die durchaus leger sein darf. (Salopper geht es nebenan in den Kolonnaden zu, dem »Kleinen Las Vegas« mit allen seinen Facetten des Automatenspiels.) »Rien ne va plus?« Das war einmal. »Wer versteht heute noch Französisch?«, sinniert der Croupier nicht ohne Wehmut. Längst zucken er und seine Kollegen nicht mehr zusammen, wenn die Gäste statt der »Jetons« die »Chips« zum Einsatz anreichen. »Nichts geht mehr!«, verkündet die elektronische Stimme, sobald die Drehscheibe an Touren verliert und sich die Kugel den schicksalhaften Weg zur Zahl sucht. Spannend bleibt es allemal, wenn sich die Spieler – je nach persönlicher Vorliebe – im französischen oder amerikanischen Roulette, im Roulite oder Black Jack versuchen oder zu Pokerrunden zusammenfinden. Ob Dostojewski mit den Karten mehr Glück gehabt hätte als im Spiel mit der Kugel? Im Eingangsbereich erinnert ein Museumsstück an damalige Chancen: Der originale Roulettekessel, der im Jahr 1865 des Dichters Verhängnis wurde.

An den Freitag- und Samstagabenden bietet die Wiesbadener Spielbank am Roulettetisch *Schnupperkurse* an.

9

Kurpark Wiesbaden
Hinter dem Kurhaus
Kurhausplatz 1
65189 Wiesbaden

Tourist-Information
Marktplatz 1
65183 Wiesbaden
0611 1729930
www.wiesbaden.de

BEGEGNUNG MIT FJODOR DOSTOJEWSKI
Kurpark

Der Romanheld findet keinen Sinn für die Schönheiten der Natur, sobald ihn die Spielsucht ins Kasino treibt, schreibt der Dichter, der selbst nicht vom Glücksspiel lassen kann. In Wiesbaden riskiert er sein gesamtes Vermögen. *Der Spieler*, 1866 erschienen, besitzt einen autobiografischen Hintergrund. Bis heute ist nicht eindeutig geklärt, ob »Roulettenburg« für Wiesbaden oder vielleicht doch für Bad Homburg steht. Ob Fjodor Dostojewski Muße für den Wiesbadener Kurpark hatte? Dort erinnert eine Büste an den bedeutenden russischen Schriftsteller.

Es birgt eine gewisse Ironie in sich, dass der russische Bildhauer Gabriel Glikam dem Wiesbadener Spielcasino zum 225-jährigen Bestehen ausgerechnet eine Büste jenes Mannes zum Geschenk machte, der hier 1871 alles verlor und sich anstatt warmer Mahlzeiten nur heißen Tee leisten konnte. Die Not trieb den russischen Dichter Fjodor Dostojewski, einen der bedeutendsten Schriftsteller des 19. Jahrhunderts, schließlich hinauf zur Russischen Kirche auf den Neroberg. Mit priesterlichem Beistand entschloss er sich, der Spielsucht die Stirn zu bieten. »Jetzt ist es zu Ende, dies ist das allerletzte Mal gewesen, glaubst du, dass meine Hände jetzt frei sind?«, soll er seiner Frau geschrieben haben. Und er hielt Wort. Sein Abbild befindet sich seit 1996 im Kurpark: Auf dem »Nizza-Plätzchen«, hinter dem jene Säulen aufragen, die einst das klassizistische Kurhaus stützten, das dem Bau des jetzigen Gebäudes im Jahr 1907 weichen musste. Nach dem Vorbild englischer Landschaftsgärten wurde der Kurpark 1852 angelegt. Ein Spaziergang bietet erholsame Ruhe zwischen viel Grün, alten Bäumen und dem Plätschern des Bachlaufs, der in den Kurparkteich mündet. In die Stille mischt sich bisweilen lautstarkes Krächzen. Hin und wieder flattert ein Schwarm Großsittiche vorüber, die sich hier vor Jahrzehnten angesiedelt haben. Was wohl Dostojewski mit ihnen angefangen hätte, wären die exotischen Vögel schon 100 Jahre früher im Kurpark heimisch gewesen? Vielleicht hätte sich »der Spieler« zu einem Blick nach oben verlocken lassen und seinen Drang ins Casino für einen Moment vergessen.

Der Kurpark beginnt hinter dem Kurhaus. Dem umzäunten Areal fügt sich als schmales grünes Band das Rambachtal an. Hier kann man bis nach Sonnenberg und weiter spazieren.

10

**Literaturhaus
Villa Clementine**
Frankfurter Straße 1
65189 Wiesbaden
0611 315745
www.wiesbaden.de/
literaturhaus

REALE UND FIKTIONALE SCHICKSALE
Villa Clementine

Als wolle sie der Entscheidung ausweichen, ob sie sich der *Rue* – der Wilhelmstraße – oder lieber der Grünanlage *Warmer Damm* zuwenden solle, schmückt sich die Villa Clementine gleich mit zwei Hauptfassaden. Der Haupteingang allerdings liegt unscheinbar an der Frankfurter Straße. Bei näherer Bekanntschaft erweist sich auch die Vergangenheit des heutigen Literaturhauses als außergewöhnlich. Die Villa schrieb ein Stück Weltgeschichte.

Erbaut wurde sie von einem Fabrikanten aus Mainz von 1877 bis 1882 – in einer Zeit, in der die beeindruckende Anzahl jener historistischen Villen entsteht, die bis heute das bemerkenswerte Stadtbild Wiesbadens ausmachen. Der Adel und das Bürgertum lieben die Kurstadt. Die Bauherrin Clementine Mayer stirbt kurz nach Fertigstellung der Villa, und das repräsentative Haus steht damit Königin Natalie von Serbien offen. Die adlige Dame hat sich mit ihrem Sohn Alexander vor dem königlichen Gatten nach Wiesbaden geflüchtet. Ihr Versteck bleibt nicht geheim. Am 13. Juli 1888 wird das Haus von der deutschen Polizei und serbischem Militär umstellt und das Kind der Mutter entrissen. Der Prinz kehrt zum Vater zurück und macht sich später als Thronfolger keinen guten Namen. Die Mutter zieht sich in ein Kloster zurück. Die Episode bleibt als »Wiesbadener Prinzenraub« in Erinnerung.

Danach geht das Haus durch mehrere Hände und gerät in den in Beton vernarrten 1960er-Jahren sogar in Gefahr, abgerissen zu werden. 1978 erhält es erneut größere Aufmerksamkeit: Der Hessische Rundfunk nutzt die Innenräume für die Verfilmung von Thomas Manns *Buddenbrooks*. Heute ist die Literatur regelmäßig zu Gast. Dramatische Ereignisse entspringen inzwischen ausschließlich der schriftstellerischen Fantasie. Oder den Einfällen eines Krimiautors oder einer Krimiautorin, die einer Einladung der Stadt folgen und als Stipendiaten unter dem Dach der Villa Clementine wohnen und schreiben.

Das Literaturhaus Villa Clementine lädt regelmäßig zu Lesungen und weiteren Veranstaltungen ein, die zugleich einen Einblick in die prächtige Innenarchitektur der ersten Etage gewähren.

11

Museum Wiesbaden
Friedrich-Ebert-Allee 2
65185 Wiesbaden
0611 3352250
www.museum-
wiesbaden.de

GEGENSÄTZE IN HARMONIE
Museum Wiesbaden

Das Wiesbadener Museum überrascht durch Gegensätze. Das dreiflügelige klassizistische Gebäude, erbaut in den Jahren 1913 bis 1920, zeigt sich in seinem Inneren in heller Freundlichkeit und mit in Weiß gehaltenen Innenwänden, die den Kunstobjekten den notwendigen Freiraum erlauben. Es ist nicht zu übersehen: In den vergangenen Jahren wurden dem Haus mehrere Verjüngungskuren gegönnt. »Neubau im Altbau« hieß das Leitmotiv der Architekten. Kontraste zeichnen auch die Kunstsammlung aus, deren Spanne die Zeit vom 16. Jahrhundert bis heute umfasst.

Eine Ausstellung eigener Werke führte Alexej von Jawlensky 1921 nach Wiesbaden. Umgehend fühlte sich der russische Maler von den Bürgern herzlich aufgenommen und blieb in der Stadt bis zu seinem Tod 1941. Dass das Museum Wiesbaden derzeitig eine der weltweit bedeutendsten Sammlungen des berühmten Expressionisten besitzt, ist der Weitsicht des Museumsdirektors Clemens Weiler zu verdanken, der sich in den 50er- und 60er-Jahren des 20. Jahrhunderts um den Aufbau bemühte. Die Jawlensky-Ausstellung bildet einen Schwerpunkt des Museums.

Neben den Bildern weiterer Expressionisten wie Paula Modersohn-Becker, Emil Nolde und Max Beckmann hat sich das Wiesbadener Museum mit dem *Aufbruch der Zweiten Moderne* der Kunst nach 1960 verschrieben. Zugegeben, ein Teil der bisweilen ausladend dimensionierten Exponate, deren Schöpfer oftmals documenta-Teilnehmer waren, erschließt sich dem interessierten Laien nicht auf Anhieb. Viele Fragen tun sich auf. Was jedoch wäre eine Kunstausstellung ohne dieses verwunderte Staunen einem Objekt gegenüber, das dem Betrachter Rätsel aufgibt? Aufschluss über Werke und Künstler gewährt eine Führung unter fachwissenschaftlicher Leitung. Antworten auf Fragen ganz anderen Inhalts bietet die Naturwissenschaftliche Sammlung, deren Grundstock zu Anfang des 19. Jahrhunderts gelegt wurde. Nach einer grundlegenden Sanierung präsentiert sich die Naturwissenschaftliche Sammlung in neuem Glanz und mit einem zeitgemäßen Konzept.

Mehr über Kunst lernen: Das Museum Wiesbaden bietet, auch in Zusammenarbeit mit anderen Organisationen, eine Reihe von Vorträgen, Lesungen, Filmabenden, Konzerten, Kunstreisen sowie Sonderführungen für Senioren.

12

Murnau-Filmtheater
Murnaustraße 6
65189 Wiesbaden
0611 9770841
www.murnau-stiftung.de

KULISSE FÜR STUMMFILMSTARS
Murnau-Filmtheater im Deutschen Filmhaus

2.000 Stummfilme, 1.000 Tonfilme und 3.000 Kurzfilme aus sechs Jahrzehnten deutscher Filmproduktion: Wer einen solchen Schatz zu archivieren, zu pflegen und zu restaurieren hat, braucht ein geeignetes Domizil. Am besten inklusive der Möglichkeit, die interessierte Öffentlichkeit daran teilhaben zu lassen. Hüterin dieses umfangreichen kulturellen Erbes aller bedeutenden Filmproduktionen wie Ufa, Universum-Film, Bavaria, Terra, Tobis und Berlin-Film ist die Friedrich-Wilhelm-Murnau-Stiftung, gegründet im Jahr 1966 und benannt nach einem der einflussreichsten frühen Regisseure. Der 1888 in Bielefeld geborene Regisseur starb im März 1931 an den Folgen eines Autounfalls bei Hollywood und wurde in Stahnsdorf bei Potsdam beigesetzt.

Seit dem 31. März 2009 residiert die Stiftung im Deutschen Filmhaus nahe des alten Schlachthofgeländes. Dabei geht es nicht ausschließlich um historisches Material. Auch die Förderung des Nachwuchses hat sich die Friedrich-Wilhelm-Murnau-Stiftung zum Ziel gesetzt; unter anderem mit dem jährlich vergebenen Kurzfilmpreis. Die Webseite der Stiftung führt ein Filmarchiv und auch das Ausleihen von Filmen ist möglich. Der Förderverein *Freunde und Förderer des deutschen Filmerbes e.V.* unterstützt die Arbeit der Stiftung. Denn die Aufgabe ist gewaltig: Um Material, das zum Teil über 100 Jahre alt und nur auf herkömmlichen Filmstreifen vorhanden ist, für die Nachwelt zu erhalten, muss es auf moderne Datenträger überspielt und gesichert werden.

Eine Auswahl der filmischen Klassiker und historischen Schätze, aber auch aktuelles Festivalkino und weitere sehenswerte Werke sind im angrenzenden Murnau-Filmtheater zu betrachten. Filmreihen präsentieren die Werke namhafter Filmemacher und Kinostars oder präsentieren spezielle Themen. Auch Kino-Erstaufführungen stehen auf dem Spielplan, zu denen oftmals die Regisseure anwesend sind und sich der Diskussion mit dem Publikum stellen.

Der Blick ins umfangreiche Programm lohnt sich für jeden, der Kino abseits des Mainstreams liebt oder sich auf ein Wiedersehen mit frühen Kinohelden und -heldinnen freuen möchte.

13

**frauen museum
Wiesbaden**
Wörthstraße 5
65185 Wiesbaden
0611 3081763
www.frauenmuseum-
wiesbaden.de

WEIBLICHE SPURENSUCHE
Frauenmuseum

Seit der Eröffnung im Jahr 1984 schlägt das *frauen museum wiesbaden* den Bogen zwischen Vergangenheit, Gegenwart und Zukunft in gesellschaftlichen wie in künstlerischen Themen, die Männer wie Frauen betreffen. Dabei stehen, anders als in »herkömmlichen« Museen, die Leistungen der Frauen im Fokus. Ein Drittel der Besucher seien Männer und herzlich willkommen, heißt es, womit einem Vorurteil der Wind aus den Segeln genommen wird.

Hinter dem *frauen museum wiesbaden* steht eine private Initiative. 1982 schlossen sich in der Frauenbewegung engagierte Frauen zur *frauenwerkstatt wiesbaden e.V.* zusammen. Eva Schuster, bis heute ins Museum eingebunden, erinnert sich an die Anfänge: »Wir boten Kulturbildung und organisierten zum Beispiel Kurse für Mädchen und Frauen als Einstieg in den Beruf. Und die politische Situation war uns wichtig. Wir führten Workshops und Podiumsdiskussionen durch.« Die Frauen sahen sich in der Nachfolge jener Wiesbadener Bürgerinnen, die ab 1850 um ihre Rechte gekämpft hatten, und widmeten diesen eine erste Ausstellung; damals noch in der Nerostraße. »Das Interesse war groß, und schnell zeigte sich, dass die Räume nicht ausreichten. Außerdem wollten wir Künstlerinnen die Möglichkeit zum Ausstellen bieten.« 1991 bezieht das *frauen museum wiesbaden* ein früheres Lagerhaus in der Wörthstraße. Auf 600 Quadratmetern finden wechselnde Ausstellungen von Künstlerinnen sowie Präsentationen zu verschiedenen Themen Platz. Es ist ein Zufall, dass die Hofeinfahrt in Blickrichtung der vier Frauenstatuen des benachbarten Baudenkmals *Höppli-Haus* liegt. Und zugleich ein Symbol, das nicht passender sein könnte für ein Museum, dessen dritter Schwerpunkt – neben der Frauenstadtgeschichte und Frauenkunst – in der weltweiten weiblichen Kulturgeschichte liegt. Diesem Thema widmet sich eine Dauerausstellung mit Frauen- und Göttinnenfiguren aus der Frühgeschichte bis heute. Mittlerweile umfasst die archäologische Sammlung um die 400 Exponate.

Neben den Ausstellungen präsentiert das *frauen museum wiesbaden* eine Reihe weiterer Veranstaltungen, Seminare, Stadtrundgänge und Projekte. Der Blick ins Programm lohnt sich!

14

Kaiser-Friedrich-Therme
Langgasse 38–40
65183 Wiesbaden
0611 317060
www.mattiaqua.de

NACH RÖMISCHEM VORBILD
Kaiser-Friedrich-Therme

Einem Thermalbad, das über den Grundmauern eines römischen Schwitzbades errichtet wurde, sei der Anspruch zugebilligt, Außergewöhnliches zu bieten. Ein Anspruch, den die Kaiser-Friedrich-Therme allemal erfüllt. Das Angebot für die Entspannung suchenden Gäste steht in der Tradition des antiken Vorbildes. Ergänzt von angenehmen Neuerungen wie einer tropischen Eisregenzone und Sauna-Variationen. Ein vielfältiges Wellness- und Verwöhnprogramm inmitten der anmutigen Architektur des Jugendstils.

Schon vor den Römern wussten die ganz frühen Wiesbadener die heißen Quellen zu nutzen. Als man in den 1950er-Jahren die von Bomben beschädigte Adlerquelle neu einfasste, stießen die Bauarbeiter in einer tieferen Bodenschicht auf Tierknochen und steinzeitliche Werkzeuge aus Feuerstein. Das 67°C heiße Wasser der Adlerquelle speist – gemeinsam mit weiteren Thermalquellen – bis heute die Kaiser-Friedrich-Therme, die 1999 nach einer grundlegenden Renovierung wiedereröffnet wurde. Die Elemente des Jugendstils, der Fassaden und Innenräume prägt, weisen auf die Bauzeit in den Jahren 1910 bis 1913 hin. Bevor mit dem Bau des städtischen Bade- und Kurmittelhauses begonnen werden konnte, musste die Stadt Wiesbaden die kleine und große Adlerquelle vom ehemaligen Hotel Zum Adler erwerben, einem Badehaus mit längerer Geschichte. Das Kaiser-Friedrich-Bad schloss sich damit an die in Wiesbaden seit langem gepflegte Badekultur an. Bereits im 15. und 16. Jahrhundert gab es rund um den Kochbrunnen eine Reihe von Badehäusern, die Wiesbadens Ruf als Kurstadt in neuerer Zeit begründeten. An die römische Vergangenheit erinnern das *Tepidarium* und *Sudatorium* im Kaiser-Friedrich-Bad. Aber auch Russland und Finnland standen Pate für Dampfbad und Sauna. Zur Abkühlung lockt das historische Kaltwasserbecken, in dem sich der Gast, darauf sei an dieser Stelle hingewiesen, wie im Saunabereich bevorzugt textilfrei bewegen sollte. Wer einmal nicht im Wasser planschen möchte: Wie wäre es mit einer Hot-Stone-Massage? Auch solche Verwöhnprogramme bietet die Kaiser-Friedrich-Therme.

Das Zentrum der Therme bildet das denkmalgeschützte römisch-irische Bad mit seinen von Mosaiken geschmückten Wänden und der historischen Schwimmhalle (Zutritt ab 16 Jahre).

15

kuenstlerhaus43
Obere Webergasse 43
65183 Wiesbaden
0611 1724596
www.kuenstlerhaus43.de

DIE KUNST, DAS PUBLIKUM ZU VERFÜHREN
Theater *künstlerhaus43* im Bergkirchenviertel

Ein »schwer erziehbares Kind« sei ein Theater, meint Wolfgang Vielsack, künstlerischer Leiter und Mitbegründer des *künstlerhaus43*, und lässt dabei keinen Zweifel daran, wie sehr ihm dieses »Kind« am Herzen liegt. Das außergewöhnliche Theater wäre so nicht möglich ohne das Gebäude, in dem es beheimatet ist: Ein schmales Arbeiterhaus, das im Jahr 2000 ein Projekt des ersten Wiesbadener Kunstsommers beherbergt hatte, als Wolfgang Vielsack eher zufällig den Weg hineinfand. Als das Haus kurz darauf leer stand, beschloss er gemeinsam mit seiner Frau, etwas daraus zu machen. Und was läge für einen Schauspieler näher, als ein Theater zu gründen?

Romeo und Julia wurde der erste große Erfolg mit an die 50 Aufführungen in sieben Jahren. Bei fast allen Inszenierungen, überwiegend Klassikern, wird die Handlung in das Wiesbaden vor 100 Jahren verlegt. Das Publikum ist in die Aufführung eingebunden. Gespielt wird oftmals im gesamten Haus, und man wandert mit den Schauspielern durch die Räume. Vom Erdgeschoss bis hinauf in den zweiten Stock, draußen im Hof und sogar davor in der Fußgängerzone. Und nicht immer wird auf den ersten Blick klar, wer Zuschauer ist, wer Schauspieler.

»Unsere Gäste sollen das Stück mit allen Sinne erleben«, hat sich Wolfgang Vielsack zum Ziel gesetzt. »Musik gehört dazu, aber auch ein gutes Essen.« Das durchaus als Teil der Inszenierung dienen kann, wenn ein echter Pizzabote hereinkommt und 50 Pizzen an die Zuschauer verteilt oder Edgar Allan Poe zum »Leichenschmaus« einlädt.

Eine Nähe, die von den Schauspielern ein besonderes Gespür verlangt. Das Bühnenbild bleibt sparsam, wenige Requisiten genügen. »Das eigentliche Theater findet nicht auf der Bühne, sondern in den Köpfen der Zuschauer statt.« Wer selbst ganz dicht dran sein möchte, kann sein eigenes Schauspieltalent im Improvisationstheater erproben, seine Stimme schulen oder einen Clown-Workshop besuchen.

Das Ensemble des *künstlerhaus43* tritt auch an anderen Spielstätten auf und geht im Sommer nach draußen auf die Freilichtbühne in der Burg Sonnenberg.

16

Via Mattiacorum
Startpunkt:
Kriegerdenkmal
Nerotal 1
65193 Wiesbaden

Wegemanagement:
Naturpark-Rhein-Taunus
Veitenmühlweg 5
65510 Idstein
06126/4379
www.naturpark-rhein-
taunus.de

KULTUR AUF SCHRITT UND TRITT
Wanderweg *Via Mattiacorum*

Seit 2021 verbindet die *Via Mattiacorum* als Qualitätswanderweg Wiesbaden – von den Römern »Aquae Mattiacorum« genannt – mit Idstein im Taunus. Auf dieser Route kann man das einstige »Civitas Mattiacorum«, das Land der Mattiaker, per pedes durchstreifen. Die Mattiaker, ein germanischer Stamm, waren sozusagen die Ur-Hessen und lebten in und um die Region der heutigen Landeshauptstadt.

Auf 28 Kilometern erweist sich der Streckenweg als herrlich abwechslungsreich. Zu den Höhepunkten, denen wir begegnen, zählen auch Zeugnisse der römischen Vergangenheit. So ist der Verlauf des Limes bis heute an einigen Stellen noch gut zu erkennen. Am Kastell Zugmantel bei Orlen veranschaulichen der rekonstruierte Wachturm und ein von einem Graben gesäumter Palisadenzaun, wie sich der Schutzwall des römischen Weltreichs vor 1.800 Jahren dargestellt haben könnte. Zu den Naturentdeckungen entlang des Weges gehört die Aarquelle, die unweit des Kastells Zugmantel in einem Wiesental entspringt und leicht zu übersehen wäre, gebe es nicht eine Infotafel dazu. Felsbrocken und eine Gruppe junger Erlen machen auf das Bächlein aufmerksam, das sich im weiteren Verlauf zu einem Flüsschen mausern wird, der nach 50 Kilometern bei Diez in die Lahn mündet. So unscheinbar die Quelle wirken mag: Ohne ihr Wasser hätten sich die Römer nicht an diesem Platz niederlassen können.

Auch die Start- und Zielorte der Wanderroute schmücken sich mit Sehenswertem wie Wiesbaden mit den heißen Quellen, die bereits die Römer zu schätzen wussten. In Idstein, wo man am besten am Bahnhof startet, lockt ein Bummel durch die bezaubernde Altstadt. Um für alles genügend Muße zu haben, empfiehlt es sich, die Wanderung in zwei Tagesetappen aufzuteilen. Als Zwischenziel auf halber Strecke bietet sich Taunusstein-Wehen an. Von hier aus fahren Busse nach Idstein und in die Landeshauptstadt. Zwischen dem Idsteiner und Wiesbadener Bahnhof verkehren Bus und Zug.

Ziel ist der Bahnhof in Idstein. Unterwegs sind Einkehrmöglichkeiten rar. Also besser Proviant und Trinkflasche in den Rucksack packen!

17

thalhaus Theater
Nerotal 18
65193 Wiesbaden
0611 18 51 267
www.thalhaus.de

STERNSTUNDEN IM »WOHNZIMMER«
Theater *thalhaus*

Als die Künstlergruppe Tripol gegen Ende der 1990er-Jahre den Neuanfang in der Villa in den Nerotalanlagen wagt, liegt hinter beiden eine bewegte Vergangenheit. Die Gemeinschaft kulturbegeisterter Wiesbadener betrieb im »Hinterhaus« 20 Jahre lang ein künstlerisches Zentrum. Die 100-jährige Villa diente als Kurklinik und Krankenhaus. Dank des außergewöhnlichen Konzepts des Vereins, inzwischen *thalhaus e.V.*, entstand ein Ort inspirierender Begegnungen, der »Kultur-Vielfalt unter einem Dach« bietet.

Um 1900 wurde die Villa als Lehr'sche Kuranstalt gebaut und blieb das einzige Gebäude in den Nerotalanlagen. Zuvor hatten hier die Brüder Löwenherz eine Tuchfabrik und eine Kaltwasser-Heilanstalt geführt. Später nutzte die Städtische Klinik das Haus als Dependance, bis in den 1980er-Jahren der Abriss drohte. Damals suchten die ehrenamtlichen Betreiber des Hinterhauses dringend nach einer neuen Wirkungsstätte. Die Bausubstanz der früheren Weinhandlung war nicht länger zumutbar, doch neue Projekte platzten kurz vor der Verwirklichung. Da kam das Angebot, in die Nerotal-Villa umzusiedeln, wie gerufen – trotz aller Probleme, die zu meistern waren: Das Instandsetzen des abgewirtschafteten Gebäudes und ein längerer Baustopp. Nicht beirren ließ sich die Künstlerinitiative in ihren Absichten; im alten wie im neuen Domizil. Die künstlerische Qualität zählt mehr als ein bekannter Name, und eine große Bandbreite der Kunst findet im *thalhaus* eine Heimat. Die Galerie zeigt wechselnde Ausstellungen, und auf die Bühne kommen Jazz, Tango, Klassik, Kabarett, Theater und Varieté. Internationale Musiker gewähren Einblicke in die »Musik der Welt« – darauf liegt ein besonderer Schwerpunkt.

Holger Hebenstreit, von Anfang an im Hinterhaus dabei und bis 2015 künstlerischer Leiter, war viele Jahre selbst als Kabarettist unterwegs und kannte sich mit beiden Seiten aus. »Das *thalhaus* soll für alle offen sein. Vor und auf der Bühne. Aber der Künstler muss elektrisieren und neue Impulse aufzeigen.«

Das Café Löwenherz an Veranstaltungstagen abends geöffnet. Feiern oder tagen in herrschaftlichem Ambiente? Das *thalhaus* mit zwei Bühnen und Galerieräume kann gemietet werden!

18

Nerobergbahn
Talstation:
Wilhelminenstraße 51
65193 Wiesbaden
0611 45022550
www.nerobergbahn.de

MIT WASSERKRAFT BERGAUF
Fahrt mit der Nerobergbahn

Den kurzen steilen Anstieg hinauf zu Wiesbadens Hausberg meistert die Nerobergbahn mühelos: Angetrieben durch einen umweltfreundlichen Mechanismus. Als Ballast dient Wasser, das an der Bergstation in einen Tank unterhalb des Wagens fließt. Ist die Befüllung schwerer als die Last des unteren Wagens mitsamt seinen Passagieren, kann es losgehen. Das Gesetz der Schwerkraft zeigt Wirkung. Der abwärtsrollende Waggon zieht das Gegenstück mit seinem Gewicht bergauf.

Seit 1888 transportiert die Wiesbadener Drahtseil-Zahnstangenbahn in zwei gelben Waggons abwechselnd die Fahrgäste hinauf auf den Neroberg und zurück. In knapp 4 Minuten bewältigt die Bahn 83 Höhenmeter und eine Steigung bis zu 25%. Die Talstation befindet sich am Ende der Nerotalanlagen. Die Schienen führen über die Bogenbrücke und teilen sich bergaufwärts auf halber Strecke, um beide Waggons passieren zu lassen. An der Talstation wird das Wasser abgelassen und von einem Elektromotor wieder hinauf in einen Wasserspeicher gepumpt. Sobald der Tank oben gefüllt ist, kann die nächste Fahrt starten. Das Auffüllen dauert seine Zeit, und im Winter ist, wie man sich gut vorstellen kann, kein Fahrbetrieb möglich. Aus diesen Gründen wurden die meisten Wasserlastbahnen irgendwann auf den kompletten Elektrobetrieb umgestellt. Zu den wenigen Ausnahmen, die das ursprüngliche Prinzip beibehalten haben, gehört die Wiesbadener Nerobergbahn. Eine der wenigen Neuerungen war die Umstellung von der mit Dampf betriebenen Wasserpumpe auf eine elektrische Pumpe. Einblicke in die technischen Details bietet eine der Führungen, die über den Sommer regelmäßig angeboten werden. Darin eingeschlossen ist die Fahrt mit der Bergbahn. Die Saison beginnt zur Osterzeit und endet im Oktober. Über die Sommermonate fährt die Bahn täglich alle 15 Minuten. Im Frühjahr und Herbst werden die Fahrten auf bestimmte Tage und auf die Wochenenden eingeschränkt. Wer die Bahn zu Fuß in Aktion erleben möchte: Der Wanderpfad hinauf zum Neroberg beginnt hinter der Bogenbrücke und führt in Serpentinen in Sichtweite an die Schienen heran.

Sie liebt es romantisch? Er schwärmt für die Technik? Die Trauung in der festlich geschmückten Nerobergbahn ist ein außergewöhnliches Angebot des Wiesbadener Standesamtes.

19

Russische Orthodoxe Kirche Wiesbaden
Christian-Spielmann-Weg 1
65193 Wiesbaden
www.wiesbaden.de

EIN WAHRZEICHEN DER LIEBE
Russisch-orthodoxe Kirche

Erkundigt sich ein Besucher bei einem Wiesbadener nach der Russischen Kirche, könnte der Angesprochene nachfragen, ob man nicht die Griechische Kapelle meine. Der überlieferte Name hält sich beharrlich, obwohl das Gotteshaus der russisch-orthodoxen Gemeinde gehört. Wenn man stattdessen nach dem Märchenschloss am Neroberg fragen würde, wüsste wohl jeder, dass damit nichts anderes gemeint sein könnte als die zauberhafte Kirche mit ihren fünf vergoldeten Zwiebeltürmen.

Zur Aura eines Märchenschlosses passt die Geschichte einer Liebe, ohne die es die Kirche nicht gebe. Die Liebe zwischen zwei Königskindern, jedoch anders als im Märchen ohne ein Happy End. Lassen wir die Frage beiseite, ob es allein tiefe Liebe oder auch gesellschaftliches Kalkül war, das die russische Großfürstin Elisabeth Michajlowna mit Herzog Adolf von Nassau verband. Fest steht, die Hochzeit fand im Januar 1844 in Petersburg statt. Elisabeths Mutter, die Prinzessin Helene von Württemberg und Schwägerin des russischen Zaren, war häufig im Schloss Biebrich zu Besuch und hatte bei dieser Gelegenheit die Heirat zwischen ihrer 18-jährigen Tochter und dem jungen Herzog in die Wege geleitet. Drei Wochen dauerte die Hochzeitsreise, zum Schluss zog das junge Paar in Wiesbaden ein. Und wie es dort empfangen wurde! Man hatte eigens ein Triumphtor aufgebaut, und Wiesbadens Bürger zeigten sich begeistert. Umso größer die Trauer, als die junge Frau im Jahr darauf starb und ihre Tochter die Geburt nur um wenige Tage überlebte. Der russische Zar hatte seine Nichte mit einer äußerst großzügigen Mitgift bedacht und verlangte nach deren Tod die eine Million Rubel nicht zurück. So entschloss sich der Herzog zum Bau einer Kirche, die zugleich die geweihte Grabstätte für seine Frau und Tochter sein und der wachsenden russisch-orthodoxen Gemeinde als Gotteshaus dienen sollte. Wenige Schritte entfernt liegen das Pfarrhaus und der russische Friedhof. Schautafeln an der Friedhofsmauer geben Auskunft über das damalige russische Leben in Wiesbaden.

Tipp: Anfahrt mit der Nerobergbahn. Der Spaziergang führt von der Bergstation am Tempel vorbei zum Opelbad. Dort zweigt bergab ein Pfad zur Kirche ab (Parkplätze beim Opelbad).

20

Opelbad Neroberg
Am Neroberg 2
65193 Wiesbaden
0611 17464990
www.mattiaqua.de/baeder/
opelbad

Opelbad Restaurant
Am Neroberg 2
65193 Wiesbaden
0611 525100
www.wagner-
gastronomie.de

SCHÖNER SCHWIMMEN
Opelbad

Das Opelbad zu den »schönsten Freibädern überhaupt« zu zählen, steht für einen Wiesbadener außer Frage. Die Lage über der Stadt, hineingeschoben in den Hang des Nerobergs, ist unvergleichlich. Die Existenz des denkmalgeschützten Schwimmbads verdankt die Stadt einem Mann, der sein Geld mit dem Bau von Autos verdiente. Sowie drei kreativen Köpfen, die das Objekt im Bauhausstil zu einer Zeit planten, als das Bauhaus selbst seine Türen in Dessau schließen musste.

Dennoch besitzt Wiesbaden nur wenige Bauwerke im Bauhausstil. Das Opelbad gilt als ein rares Zeugnis dieser Architektur des frühen 20. Jahrhunderts. In den 14 Jahren seines Bestehens war das Dessauer Bauhaus viel mehr als eine Kunst-, Design- und Architekturschule. Heute betrachtet man das Bauhaus als einen Schmelztiegel der europäischen Moderne, dessen Ideen sich über die westliche Welt verbreiteten. Vor allem dank jener Künstler und Architekten, die ihre Arbeit im Exil fortsetzten, nachdem sich das Kollegium dem Druck der Nationalsozialisten gebeugt hatte und am 20. Juli 1933 die Auflösung der Architektenschule beschloss. Auch Wiesbaden befand sich damals in unsicheren Zeiten. Die Stadtkasse leer, die politische Zukunft unabsehbar. Kein Grund für Wilhelm von Opel, den ehemaligen Generaldirektor der Rüsselsheimer Opelwerke, Ruheständler und Wahlwiesbadener, zu verzagen und das Projekt »Schwimmbad« ruhen zu lassen. Eisern entschlossen, diese Badeanstalt zu bauen, scheute er weder Kosten noch die Widerstände jener städtischen Politiker, die sich ein Schwimmbad auf dem Neroberg überhaupt nicht vorstellen konnten. Wilhelm von Opel gewann drei Mitstreiter: Den Wiener Architekten Franz Schuster, der sich im sozialen Wohnungsbau einen Namen gemacht hatte und in Frankfurt an der Städelschule lehrte, den Wiesbadener Architekten und Maler Edmund Fabry, ein Freund des Expressionisten und Wahlwiesbadeners Alexej von Jawlensky. Und nicht zuletzt den Landschaftsarchitekten Wilhelm Hirsch, der unter anderem die Reisinger Anlagen geplant hatte. 1943 wurde das Opelbad eröffnet.

Im Opelbad erwarten uns temperierte Schwimmbecken, eine große Liegewiese und ein Saunabereich. Und anschließend die Aussichtsterrasse des Restaurants *Wagner im Opelbad*.

21

Neroberg
65193 Wiesbaden

Biergarten Der Turm
Neroberg 2
65193 Wiesbaden
0611 9590987
wagner-gastronomie.de
www.derturm.com

AUF WIESBADENS HAUSBERG
Neroberg

»Neresberg« hat man ihn im 17. Jahrhundert genannt. »Neroberg« gefiel im 19. Jahrhundert besser, spielte es doch auf Wiesbadens römische Vergangenheit an. Traditionsbewusste Besucher erobern den Berg mit der gleichnamigen Bahn. Sportliche nehmen den kurzen, aber steilen Wanderpfad aus dem Nerotal. Wer es bequemer liebt, kann mit dem Wagen bis zu den Parkplätzen am Opelbad hinauffahren. Zweifellos steht der Neroberg, was seine Beliebtheit betrifft, bei den Wiesbadenern an oberer Stelle.

Wenn sich die Hitze über die Stadt legt und die Luft rund um den Kochbrunnen zu stehen scheint, zieht es die Wiesbadener hinaus ins Grüne auf Wiesbadens Hausberg. Bei einem Spaziergang die erfrischende Waldluft genießen und danach vielleicht ein Picknick beim Tempelchen? Oder lieber gleich in den Biergarten am *Turm*? Auch wenn der Andrang unter den weißen Sonnenschirmen groß ist, irgendwo lässt sich immer noch ein freier Sitzplatz entdecken.

Gleich zwei Aussichtsplätze bieten sich dem Besucher von der – gar nicht so hohen – Bergkuppe, die die Innenstadt um nur 130 Meter überragt und uns an klaren Tagen über Wiesbadens Zentrum hinweg bis nach Mainz und in den Odenwald schauen lässt. Nahe der Bergstation der Nerobergbahn liegt – oberhalb eines Weinbergs – eine Terrasse, die von zwei grimmig blickenden Steinlöwen, den Nassauer Hoheitszeichen, bewacht wird. Wenige Schritte weiter befindet sich der Monopteros, ein von weißen Säulen getragenes Tempelchen, das als Wiesbadens bekanntester und schönster Aussichtspunkt gilt. Wendet sich der Betrachter um, schaut er auf den (nicht besteigbaren) Turm, das Überbleibsel eines Hotels, das für gut 100 Jahre den Platz prägte, bis es Ende der 1980er-Jahre durch einen Brand zerstört und abgerissen wurde. Als Nachfolger befindet sich im Turm ein Restaurant. Auf der Freifläche davor liegt eine »Erlebnismulde« für gelegentliche Veranstaltungen. Zur übrigen Zeit sind die Zirkel mit den kompakten Stufen bei Familien beliebt fürs Spielen und Picknicken.

Was es im Wald alles zu entdecken gibt! Der Walderlebnispfad über 3,3 Kilometer (oder 2,3 Kilometer auf der kürzeren Variante) vermittelt allerhand Wissenswertes. Start und Ende am Neroberg.

22

Kletterwald Neroberg
Neroberg 1
65193 Wiesbaden
0170 4580466
www.kletterwald-neroberg.de

KLETTERPARTIEN IN LUFTIGER HÖHE
Kletterwald Neroberg

Ganz schön hoch, der Blick von unten nach oben. Wie mag das erst aus der anderen Perspektive sein? Wer Spaß am Klettern hat, kommt im Kletterwald Neroberg auf seine Kosten. In über 15 Parcours kann man seine Geschicklichkeit und das eigene Talent als Klettermaxe erkunden. Die gründliche Einweisung macht auch dem skeptischen Neueinsteiger Mut, den Aufstieg in die Baumkronen zu wagen. Zumal so viele Kletterfreunde mit gutem Beispiel voransteigen. Ein Naturerlebnis der besonderen Art ist allen sicher.

»Vor allem im Frühjahr, wenn die Bäume noch kahl sind, hat man einen fantastischen Ausblick«, schwärmt Holger, der sich auf die schwereren Touren wagt. Und das flaue Gefühl? »Kommt gar nicht erst auf«, versichert der 42-Jährige mit überzeugendem Schmunzeln. »Man ist ja bestens gesichert.« Wie das mittels Gurt und Seilen funktioniert, lernt jeder Neueinsteiger bei einer Schulung, die knapp oberhalb des Bodenniveaus stattfindet. Erst wenn beim Ein- und Ausklinken jeder Handgriff sitzt, darf man hinauf auf die Bäume. »Falls es Schwierigkeiten gibt, ist sofort Hilfe da«, versichert Holger, der selbst einmal Unterstützung in Anspruch nehmen musste, als ein Hindernis bei Regen rutschig wurde. »Der Helfer hat mich abgeseilt. Das ging ohne Probleme.« Wie lange man für den Parcours braucht, ist nicht allein von Länge und Schwierigkeitsgrad abhängig. »Wenn viel los ist, muss man auf der Plattform gelegentlich warten. Es darf immer nur eine Person auf ein Kletterstück. Jeder bekommt die Zeit, die er braucht.« Auch Kinder scheuen die Strecke nicht, wie Holger anerkennend berichtet. Allerdings sind die jungen Beine für einige Hindernisse fast zu kurz und der Abenteuerspielplatz am Boden wäre besser geeignet. Von der Aussicht abgesehen: Was macht den Reiz des Kletterns aus? Die Antwort kommt spontan: »Die sportliche Herausforderung. Und die knifflige Frage, wie man den Parcours am besten angeht.« Viel Spaß auf der nächsten Runde!

Es empfiehlt sich, das Ticket vorab online zu buchen. Bei Dauerregen oder Sturm können sich die Öffnungszeiten aus Sicherheitsgründen ändern. Rufen Sie vorher an, um sicherzugehen!

23

Leichtweißhöhle
(April–Oktober)
via: Hellkundweg
65139 Wiesbaden
www.wiesbaden.de

DIE ZWEI LEBEN EINES WILDERERS
Leichtweißhöhle

Meist ist es pure Not, die die Menschen im 18. Jahrhundert zum Wildern in den fürstlichen Wäldern verführt. Obwohl ertappte Wilderer an den Pranger gestellt werden und ihnen Folter und drastische Strafen bis hin zur Todesstrafe blühen. Der Adel beansprucht das Privileg der Jagd für sich. Die Bauern wagen es kaum, das Wild von den Äckern zu verscheuchen. Bisweilen treibt auch das Verlangen, sich gegen die Willkür des Adels aufzulehnen, so manchen Waghalsigen dazu, sich am Besitz des Landesherren zu vergreifen. Auch Heinrich Anton Leichtweiß?

Der gelernte Bäcker und Sohn eines fürstlichen Jägers zieht aus dem Taunus nach Dotzheim. 1757 heiratet er Christiane, die Tochter des Bürgermeisters, und übernimmt mit dem Gasthaus Zum Engel auch die Funktion des Gemeindebäckers. Später treibt er die Steuern für den Fürsten ein. Schafft sich Heinrich Anton, der Zugezogene, damit Neider im Ort? 1788 bezichtigt man ihn des Einbruchs, nachdem er 31 Jahre in dem Ort lebte und finanziell gut gestellt ist. Alles Beteuern seiner Unschuld hilft ihm nicht. Im Gegenteil, man beschuldigt ihn außerdem, gestohlenes Wildbret verkauft zu haben. Er muss auf dem Wiesbadener Marktplatz an den Pranger und kommt für ein Jahr ins Zuchthaus am Michelsberg. Mit 66 Jahren wird er entlassen und kehrt nicht zu seiner Familie zurück. Ist die Schande zu groß? Er verkriecht sich in der Höhle im Nerotal, die jetzt eine echte Räuberhöhle ist!

Wer sich zur Zeit um 1900 als Kurgast in Wiesbaden aufhielt, ließ die Besichtigung der Leichtweißhöhle nicht aus. Um den Dotzheimer Heinrich Anton Leichtweiß, der sich von 1789 bis 1791 im Nerotal versteckte, rankten sich die Legenden vom verwegenen Räuber und Wildschützen. Um es den Besuchern bequemer zu machen, ließ man den Höhleneingang verlegen, eine Treppe bauen und den Felsboden im räuberischen Unterschlupf begradigen. Das Leben des Dotzheimers ist heute in einem anderen Licht zu sehen. Als die Höhle 1791 von Waldarbeitern entdeckt wird, führt sie auf seine Spur. Wieder festgenommen, wird er ohne rechtsgültigen Prozess eingesperrt. Leichtweiß stirbt mit 70 Jahren, ohne die Freiheit wiederzuerlangen.

Rund 20 Minuten Fußweg liegen zwischen den Tennisplätzen im Nerotal und der Höhle.

24

Goldsteintal
Startpunkt/Parkplatz:
Restaurant *Das Goldstein by Gollners*
Goldsteintal 50
65207 Wiesbaden
0611 54 11 87
www.gollners.de

Hubertushütte
Goldsteintal 60
65207 Wiesbaden
0611 54 24 10
www.hubertushuette-wiesbaden.de

SELTENHEITEN IM WALDWIESENTAL
Ausflug ins Goldsteintal

Der Taunus ist reich an herrlich gelegenen Wiesentälern. Zu den schönsten und ökologisch bedeutsamsten Waldwiesentälern zählt das Goldsteintal in Sonnenberg. Hier wechseln sich frei stehende Einzelbäume mit Gehölzgruppen ab. In den Feuchtwiesen wächst der seltene Bachnelkenwurz. Heuschrecken und Schmetterlinge, die andernorts seit Langem verschwunden sind, haben in den Magerwiesen einen Lebensraum gefunden. Wer sich dieses grüne Paradies erwandern möchte, kann sich bereits im Zentrum Wiesbadens auf den Weg machen.

Der weitgehend »grüne« Wanderweg führt vom Kurhaus durch den Kurpark und weiter entlang des Rambachs nach Sonnenberg, bis an dessen Ortsende der Goldstein- in den Rambach mündet und den Weg ins Goldsteintal weist. Gleich zwei traditionsreiche Gasthäuser liegen seitlich des Wiesentals. Der Ursprung des hübschen Fachwerkhauses – heute als Restaurant *Das Goldstein by Gollners* geführt – liegt im Jahr 1907 als *Vereinsheim der Wiesbadener Schützen*. Seit Ende der 1940er-Jahre wird es als Gasthaus betrieben. Rechter Hand wartet nach wenigen Minuten zu Fuß die Hubertushütte, in der sich seit über 100 Jahren Wanderer und Ausflügler bewirten lassen.

Dahinter erschließt sich der Landschaftspark Mittleres Goldsteintal, der über Jahrhunderte von bäuerlicher Nutzung geprägt wurde. Die Landschaft wurde von Schafherden beweidet und diente der Heuernte. In moderner Zeit, den 1960er-Jahren, gab man diese Art der Landschaftspflege auf. Daraufhin entwickelten sich Sträucher und Bäume, wo zuvor seltene Pflanzen gedeihen konnten. Die Verbuschung wurde wieder zurückgedrängt, seit das Gebiet im Jahr 2000 zum Schutzgebiet erklärt wurde. Ein- bis zweimal im Jahr wird das Gras gemäht; zum Teil sogar von Hand. Dadurch finden die Pflanzen wieder die ihnen entsprechenden Bedingungen vor. Auf engstem Raum liegen die unterschiedlichsten Biotope in den Feucht- und Nasswiesen sowie den halbtrockenen Wiesen. Wer die Augen offenhält, kann am Wegesrand allerhand kleines Getier entdecken.

Das Goldsteintal ist bis zu den Restaurants *Das Goldstein by Gollners* und *Hubertushütte* für den Autoverkehr frei

25

Jagdschloss Platte
An der B417
65195 Wiesbaden
www.wiesbaden.de

Gasthof Jagdschloss Platte
Platte 1
65195 Wiesbaden
0611 53249700
www.gasthof-jagdschlossplatte.de

EIN SCHIRM FÜR DIE SCHLOSSRUINE
Jagdschloss Platte

Ein Glasdach, das sich in zeitgenössischer Leichtigkeit über ein sichtlich geschundenes Bauwerk legt. Kein Wiederaufbau? Keine Rekonstruktion des ehemaligen Jagdschlosses, das von Herzog Wilhelm von Nassau im Jahr 1826 auf der Platte oberhalb Wiesbadens gebaut und im Zweiten Weltkrieg schwer beschädigt wurde? Ganz bewusst gab man dem Bauwerk nur einen wetterfesten Schutz, beschränkte die Instandsetzung auf das Notwendigste. Die Schlossruine, ein Kulturdenkmal.

Die Glaskonstruktion beschirmt das Mauerwerk, ohne dessen Eigenarten zu beeinflussen. Die den Wiesbadenern über die Jahre ans Herz gewachsene Ruine sollte erhalten bleiben. Das schützende Dach war dringend erforderlich geworden, nachdem die nackten Fassaden des Jagdschlosses über Jahrzehnte Wind und Wetter ausgesetzt waren. Erst Ende der 1980er-Jahre begann man damit, Schutt und Trümmer abzutransportieren. Ein Förderverein nahm sich des verwahrlosten Gebäudes an. Behutsamkeit war von Anfang der Leitgedanke. Im Innern wurde nur die Rotunde mit dem gegensinnig verlaufenden Treppenpaar rekonstruiert und 2007 das Glasdach aufgesetzt. Heute steht das Jagdschloss unter der Obhut der Stadt Wiesbaden und kann für Veranstaltungen gemietet werden. Gelegentlich kann man durch die Tür lugen, die von zwei ruhenden Bronzehirschen flankiert wird: Repliken der Originale, die Herzog Wilhelm (1792–1839) einst bei dem berühmten deutschen Bildhauer Christian Daniel Rauch in Auftrag gegeben hatte. Bevor das Jagdschloss 1913 in den Besitz der Stadt gelangte, ließen die Erben des Herzogs die Originale nach Luxemburg bringen. Finanziert durch Spenden, konnten im Sommer 2010 die Kopien aufgestellt werden.

Wer wandern möchte, dem bietet der Parkplatz vor dem Schloss einen guten Ausgangspunkt. In wenigen Minuten kann man beispielsweise bequem zum *Steinhaufen* spazieren, einer 521 Meter hohen Kuppe. Der Weg führt ein kurzes Stück auf der Trompeterstraße entlang, bis nach rechts ein markierter Pfad abzweigt, auf dem man in wenigen Minuten den Aussichtspunkt erreicht.

Der Abenteuerspielplatz nebenan lockt die Kinder an. Mit rustikalgemütlichem Flair, gepflegtem Biergarten und Minigolfanlage lädt der Gasthof *Jagdschloss Platte* zur Einkehr ein.

26

Tier- und Pflanzenpark Fasanerie
Naturpädagogisches Zentrum
Wilfried-Ries-Straße 22
65195 Wiesbaden
0611 4090770
www.wiesbaden.de/fasanerie

Förderverein Fasanerie Wiesbaden e.V.
0611 468 93 07
www.fasanerie.net

WOHNGEMEINSCHAFT FÜR WÖLFE UND BÄREN
Tier- und Pflanzenpark Fasanerie

Ein Tierpark, der keinen Eintritt kostet! Das ist eine seiner Besonderheiten, jedoch bei weitem nicht die einzige. Der ehemalige Fasanengarten, den Fürst Karl von Nassau-Usingen 1749 oberhalb des Klosters Klarenthal anlegen ließ, erlebte in seinem langen Bestehen Höhen und Tiefen. Inzwischen entwickelte sich die Wiesbadener Fasanerie zu einem naturpädagogischen Zentrum mit Vorbildfunktion. Um die 50 heimische Wild- und Haustierarten kann man auf einem Spaziergang durch den Park beobachten.

Dass der Besuch im Tierpark nicht an den Kosten scheitern dürfe, war von Anfang an ein Anliegen der Gründer des *Fördervereins Fasanerie e.V.* So schrieben sie sich diesen Wunsch ins Konzept – auch wenn die Aussichten für den »freien Eintritt« gering schienen. 1995 schlossen sich einige tatkräftige Wiesbadener zusammen, um der vernachlässigten Fasanerie auf die Beine zu helfen. Die Geldmittel waren knapp, und die Aufgaben in dem in die Jahre gekommenen städtischen Tierpark riesig. Seit dieser Zeit konnten die Tierparkleitung und der Förderverein gemeinsam eine ganze Reihe von Projekten in die Tat umsetzen. Zu den spektakulärsten Vorhaben gehörte der Bau des gemeinsamen Bären- und Wolfsgeheges, dessen erste Bewohner – die betagten Zirkusbärendamen Willi und Muffi – auf 30.000 Quadratmeter ein Leben auf Braunbärenart erkunden durften, in Gesellschaft eines neugierigen jungen Wolfsrudels. Ins Nachbargehege zogen die Luchse als weitere Vertreter der ursprünglich in den deutschen Wäldern heimischen großen Räuber ein. Auch die Wildkatze ist in der Fasanerie zu Hause. Zudem beteiligt sich der Tierpark an einem Rettungsprogramm für den Europäischen Nerz. Natürlich gibt es auch all die Pflanzenfresser, vom Reh- und Rotwild bis zu den imposanten Wisenten. Nicht zu vergessen die Haustiere: Schweine, Ziegen, Schafe und Geflügel.

Als naturpädagogisches Zentrum bietet die Fasanerie viele Projekte für Kinder, Jugendliche und Erwachsene. Wer sich für die Pflanzenwelt interessiert, wird zwischen den vertrauten Baumarten auch Ginkgo, Mammutbäume und andere botanische Raritäten entdecken.

Viel Hintergrundwissen über den Tierpark und Informationen für Besucher finden Sie auf der Homepage des Fördervereins.

SCHLAFBÄUME UND SCHLANGENNESTER
Unerwartete Begegnungen

Es geht zu wie im Schlafsaal einer Jugendherberge, als es in Jugendherbergen noch Schlafsäle gab. Ein ohrenbetäubendes Schnattern, Krächzen und Kreischen erfüllt die Abendluft. Nur zögernd ebbt der Lärm ab und beruhigt sich, bis in die Stille hinein erneut vereinzelte Stimmen laut werden. Fragendes Krähen und zur Antwort ein Glucksen, bis mit einem Mal kein Laut mehr zu hören ist und nichts darauf hindeutet, dass sich ein Schwarm grasgrüner Großsittiche im Laub der Platane verbirgt. Nicht irgendwo in den Tropen. Am Biebricher Rheinufer! Wiesbadens exotische Neubürger haben ihren Schlafbaum bezogen.

Wer den Kurpark besucht oder den Biebricher Schlosspark durchwandert, wird schnell auf das fremd klingende Krächzen aufmerksam und kann die Papageien nicht selten im Flug beobachten. Charakteristisch sind die schmalen, spitzen Flügel und der lange, schmale Schwanz. Die Tiere sind die Nachkommen entflogener Käfigvögel und haben das Kunststück geschafft, sich in Freiheit zu behaupten. Die Papageien brüten in Baumhöhlen und ernähren sich von Früchten und Samen. Die größte Gruppe der exotischen Einwanderer bilden die knallgrün gefärbten Halsbandsittiche. Das auffällige »Halstuch« tragen nur die Männchen. Den roten Schnabel besitzen beide Geschlechter. Die Halsbandsittiche sind leicht mit einem weiteren Neubürger zu verwechseln, dem Großen Alexandersittich. Mit ca. 52 cm von der Schnabel- bis zur Schwanzspitze ist er einige Zentimeter länger als der Halsbandsittich und schmückt sein grünes Federkleid mit einem roten Streifen am Flügel. Außer den Großsittichen lassen sich auch Amazonen und andere Papageienarten in Wiesbaden beobachten. Ob in den 1960er-Jahren während eines Sturms tatsächlich ein Schwarm Halsbandsittiche aus der Voliere eines Vogelhändlers entkam, lässt sich heute nicht mehr nachvollziehen. Tatsache ist, die Wiesbadener Vogelwelt wurde durch die auffällig bunten Einwanderer bereichert. Auch wenn der Betrieb im Schlafbaum mit Hunderten von Nachtgästen das Gegenteil vermuten lassen könnte: Bislang gehören Wiesbadens Papageien zu den Raritäten der heimischen Vogelwelt. Greifvögel und andere Feinde, vor allem aber strenge Winter, machen den Exoten das Leben in unseren Breiten schwer.

Gefahrvolle Lebensumstände muss auch ein scheues Wesen bestehen, das still lebt und äußerst selten zu beobachten ist. Die Äskulapnatter, unsere größte heimische Schlangenart, kommt deutschlandweit nur noch in vier Regionen vor. Neben zwei Gebieten in Bayern und einer Gegend im Odenwald konnte sich eine kleine Population im Rheingau und den angrenzenden Waldgebieten erhalten. So haben die vorsichtigen Tiere unter anderem in Schlangenbad, das die Äskulapnatter sogar zum Wappentier auserkoren hat, und in Frauenstein einen Rückzugsort gefunden. Am Hang des Sommerbergs wurde man in den 1980er-Jahren durch Zufall auf die stark bedrohte Art aufmerksam. Auf der Suche nach seltenen Pflanzen stießen Naturschützer unerwartet auf eine ca. 1,80 Meter lange Schlange, die sich sicher genug fühlte, um in aller Gelassenheit das Weite zu suchen. Trotz vieler Schutzmaßnahmen in neuer Zeit steht das seltene Reptil nach wie vor als »vom Aussterben bedroht« auf der Roten Liste. Ein schwindender Lebensraum in »aufgeräumten« Gärten, dazu der Autoverkehr, aber auch die Hauskatzen machen der Schlange, die für den Menschen absolut ungefährlich ist, zu schaffen.

Die tagaktive Äskulapnatter jagt Kleinsäuger und Vögel. Sie kann in Einzelfällen bis 2,20 Meter lang werden. Die meisten Tiere erreichen eine Länge um anderthalb Meter. Ihr Erkennungszeichen ist der sehr lang gestreckte, schlanke Körper, der auf dem Rücken verschiedene Braun-, Grau- oder Grüntöne aufweisen kann. Der Bauch ist heller gefärbt, die Körperseite oft mit einem hellen Streifen versehen. Typisch ist ein verwaschener Streifen zwischen Auge und Maul. Ursprünglich aus dem Mittelmeerraum stammend, hält sich die Wärme liebende Schlange gern in den Weinbergen auf. Mit einer großen Portion Glück lässt sich die Äskulapnatter beim Sonnenbad auf einer Trockenmauer entdecken.

Alle in der Region vorkommenden Schlangenarten sind ungiftig. Antworten auf die Frage, was wir zu ihrem Schutz tun können, und weitere Informationen finden sich unter: www.naturschutzhaus-wiesbaden.de

27

Schloss Freudenberg
Freudenbergstraße 224–226
65201 Wiesbaden
0611 4110141
www.schlossfreudenberg.de

Wiesbaden

ERLEBEN UND STAUNEN
Schloss Freudenberg

Nur dieses scheint gewiss im Schloss Freudenberg: Dass nichts den Erwartungen entsprechen wird. Die erste Überraschung betrifft das Gebäude selbst. Kein chic saniertes Schloss nimmt den Besucher in Empfang. Kein gelifteter Star der Architektur. Stattdessen eine in Würde gealterte herrschaftliche Villa, die ihre Gäste zu sich und in den Garten einlädt. Wer dem Angebot folgt, sollte neben einer riesigen Lust am Entdecken vor allem eines mitbringen: Die Bereitschaft, sich auf neue Blickwinkel einzulassen.

Denn man sieht ... nichts. Buchstäblich nicht die Hand vor Augen. Nichts als Schwärze ringsherum. Keine Nacht kann so dunkel sein. Die Hand tastet nach dem Barhocker, zieht ihn zögerlich näher heran. Eine freundliche Stimme irgendwo dort vorn in der Finsternis bietet ein Getränk an. Orange? Ananas? Kirsche? Das Geschmacksempfinden ist mit einem Mal trügerisch. Der – kurzfristige – Verlust eines Sinnes in der *Dunkelbar*, die von blinden Mitarbeitern geführt wird, gehört zu den beeindruckendsten Erlebnissen im *Erfahrungsfeld der Sinne* und lässt sich bei einem lichtlosen *Nacht-Mahl* vertiefen. Andere Ausstellungsbereiche möchten die Sinne schärfen, wie beim Spielen der Klangschalen und dem Aufspüren optischer Effekte. Berühren verboten? Anders als in vielen herkömmlichen Museen, ist diese Mahnung hier nirgends zu finden. Anfassen, in die Hand nehmen, schnuppern, ausprobieren: All das darf und soll der Besucher nach Herzenslust. Das Schloss Freudenberg wurde vor über 100 Jahren von einem Künstlerpaar gebaut und blickt auf eine wechselvolle und der Bausubstanz nicht immer zuträgliche Vergangenheit zurück. Über viele Jahre stand das Gebäude leer, bis es Anfang der 1990er-Jahre von Beatrice und Matthias Schenk übernommen wurde. Bis dahin war das Ehepaar mit einem Zirkus unterwegs. Die Schlossfenster hatte man, zum Schutz vor Vandalismus, zugemauert. Kurzentschlossen machten die neuen Herren im Schloss Freudenberg aus der Not eine Tugend. Die erste Ausstellung hieß *Sie sehen nix!*. Und lockte 30.000 Besucher an, die das Phänomen »Finsternis« erleben wollten.

Warum Freunde und Familie nicht zur Geburtstagsfeier ins Schloss Freudenberg einladen? Bitte unbedingt telefonisch anmelden!

28

Goethestein Frauenstein
via: Zum Goethestein
65201 Wiesbaden

Burg Frauenstein
Kirschblütenstraße 54
65201 Wiesbaden
0611 42 18 75
www.burgverein-
frauenstein.de

ANEKDOTEN AUS DEM OBSTGARTEN
Goethestein in Frauenstein

Man stelle sich einen Sommertag vor im Jahr 1815. Eine Gesellschaft unternimmt eine Ausfahrt ins Grüne: Zu Ehren des Gastes, eines älteren Herren, der zum zweiten Mal in Wiesbaden weilt. Mit dabei: Ein junges Mädchen, die 16-jährige Philippine, deren Schönheit den Herrn von Goethe derart entzückt, dass er sich im Überschwang der Gefühle ein Wettrennen mit der jungen Dame liefert. Was ihm schlecht bekommt: Der Dichterfürst stolpert und bricht sich das Bein.

Ob wirklich wahr, ein wenig oder ganz erfunden: Wer wollte das bei einer hübschen Anekdote wie dieser kleinlich zur Debatte bringen? Die Frauensteiner jedenfalls nahmen Johann Wolfgang von Goethes 100. Todestag im Jahr 1932 zum Anlass, mit einem Denkmal an den verhängnisvollen Besuch des Dichterfürsten zu erinnern. Die 13,5 Meter hohe Pyramide nimmt Bezug auf Goethes Leitspruch: »Diese Begierde, die Pyramide meines Daseins, deren Basis mir angegeben und gegründet ist, so hoch als möglich in die Luft zu spitzen, überwiegt alles andere.« Folgt man den Wanderwegen, die wie der Rheinsteig zum Goethestein hinaufführen, bewegt man sich inmitten von Obstbaumwiesen, die einen Spaziergang zur Kirschblüte rund um das eng eingeschnittene Frauensteiner Tal zur Pflicht machen sollten.

Frauensteins weiteres Wahrzeichen ist der Burgturm, der geradezu aus dem Felsvorsprung herauszuwachsen scheint. Gegründet wurde die Burg *Vrouwensteyn*, von der nur der Bergfried erhalten blieb, vermutlich um das Jahr 1184. Vergessen wir nicht die »Blutlinde« zu Füßen der Burg, die uns eine traurige Geschichte beschert hat. An dieser Stelle wurde einst ein junger Mann »von den Geharnischten des Frauensteiner Burgherren« ergriffen. Er hatte die Nichte des Burgherren zu entführen versucht; die Tat eines Liebenden, die er nicht überleben sollte. 1.000 Jahre sind seither vergangen, lässt das Schild beim Lindenbaum verlauten. Danach setzte die trauernde Braut die heute »1.000-jährige Linde« als junges Bäumchen. In Gedenken an den bestraften Geliebten.

Zwei Beispiele für Frauensteins vielfältige Gastlichkeit: Der *Hof Nürnberg* (www.hof-nuernberg.de) mit weitem Blick auf den Rhein und das italienische *Festa del Caffè* (www.festa-del-caffe.de).

29

Schiersteiner Hafen
65201 Wiesbaden

**Storchengemeinschaft
Wiesbaden-Schierstein e.V.**
Gartenfeldstraße 5
65396 Walluf
06123 722 10
www.schiersteinerstörche.de

MEDITERRANES FLAIR IN »SCHEERSTAA«
Schiersteiner Hafen

Glucksendes Wasser und Möwenschreie. Segelboote, die in sanften Wellen schaukeln. Wer im Sonnenschein entlang der Uferpromenade flaniert, darf sich ein wenig wie an der Riviera fühlen. Groß gefeiert wird jeden Sommer beim Schiersteiner Hafenfest. Drachenboot-Regatta und Stromschwimmen gehören zu den beliebten Attraktionen. Selbstverständlich kommen auch Essen und Trinken nicht zu kurz. Wein und Wasser finden in Wiesbadens mediterranem Stadtteil gern zueinander.

Seit 1859 besitzt »Scheerstaa«, wie der Wiesbadener Stadtteil am Rhein mit einheimischem Zungenschlag liebevoll-bodenständig genannt wird, die eigene Hafenanlage. Ursprünglich für Flößer und Rheinfischer gebaut und in späteren Jahren von der Frachtschifffahrt genutzt, beherbergt der Hafen nun die Ruderboote, Motorboote und Segeljachten der Freizeitwassersportler. Die Zufahrt des schmalen Hafenbeckens wird vom dynamisch geschwungenen Bogen der Dyckerhoff-Brücke überspannt. Deren Stifter, das gleichnamige Zementwerk, übergab anlässlich des eigenen 100-jährigen Jubiläums die Fußgängerbrücke im Jahr 1967 an die Stadt Wiesbaden. Seitdem kann man den Hafen in einer guten Stunde zu Fuß umrunden. Am westlichen Ende der Rheinpromenade treffen wir auf die Jupiter-Gigantensäule. Die entgegen der Bezeichnung überraschend zierliche Statue ist eine Kopie des Originals, auf das Bauarbeiter im Sommer 1889 stießen, als sie nahe des Schiersteiner Bahnhofs einen Brunnenschacht ausgruben. Ein damals spektakulärer Fund aus Wiesbadens römischer Vergangenheit; zeugte die Säule doch von römischen Niederlassungen auch jenseits des Mainzer Ufers. In diesem Fall war es der römische Soldat und Gutsbesitzer Viccius Seneca, der seinen Besitz unter den Schutz des Gottes Jupiter gestellt hatte. Sein Jupiter wirkt eher germanisch als römisch; ungestüm wie Wotan führt er in Siegerpose sein zum Sprung ansetzendes Pferd. Das Datum steht in Stein gemeißelt: 28. Februar 221 n.Chr. Soll uns das mediterrane Flair des Hafenstädtchens bei dieser Vergangenheit wundern?

Das Gelände des Wasserwerks (Richtung Walluf) ist in den Sommermonaten ein Refugium der Weißstörche mit inzwischen gut zwei Dutzend Brutpaaren, seit 1975 ein erstes Paar brütete.

30

Rettbergsaue
(April–September)
Anlegestelle Biebrich
Rheinufer am Schloss
Rheingaustraße 144
65203 Wiesbaden
www.tamara.rettbergsau.de

Mattiaqua
Eigenbetrieb für Quellen,
Bäder, Freizeit
Gustav-Stresemann-
Ring 15
65189 Wiesbaden
0611 318078
www.mattiaqua.de

REIF FÜR DIE INSEL
Rettbergsaue im Rhein

Mit knatterndem Diesel schippert das Fährboot *Tamara* der Rettbergsaue entgegen. Weit ist der Weg nicht: keine zehn Minuten vom Schiffsanleger in Biebrich hinüber zum ersten Anleger *Rettbergsaue Biebrich*. Wir wollen die Bootstour entlang der Rheininsel etwas länger genießen und steigen am Haltepunkt *Rettbergsaue Schierstein* aus. Und sind gleich mittendrin im Freizeitvergnügen für sehr Jung, Jung und Älter. Ein Stück Natur. In Sichtweite der Stadt und umschlossen von Wasser.

Das Baden auf der Rettbergsaue ist allerdings aufgrund des gefährlich strömenden Rheins nach wie vor offiziell verboten. Also sich besser mit dem Sonnenbad am Sandstrand begnügen. Zwei Freizeitareale hat die Rheininsel zu bieten: Die Rettbergsaue Biebrich mit Spielflächen für Basketball, Volleyball, Federball, Tischtennis, Bodenschach, Freiluftkegelbahn, Kinderspielplatz und Bolzplatz. Am anderen Ende der Insel liegt der Bereich *Rettbergsaue Schierstein* mit einem ähnlichen Spiel- und Sportangebot und zusätzlich einem Inselcafé. Grillen darf man in beiden Arealen, sofern man das entsprechende Gerät – keinen Einweggrill – mitgebracht hat. Zur Übernachtung steht ein (kostenpflichtiger) Campingplatz zur Verfügung, für den man sich mindestens drei Tage vorher anmelden sollte. Beim Zelten müssen Jugendliche von Erwachsenen begleitet werden

Der Fußweg zwischen den Freizeitbereichen ist mittlerweile gesperrt. Der Hauptteil der knapp drei Kilometer langen Insel – immerhin 90 Prozent der 68 Hektar großen Fläche – wird der Natur überlassen. Dennoch bleibt der Besuch der Rettbergsaue ein Naturerlebnis inmitten der Zivilisation. Der Verkehr zu Wasser, Luft und Straße ist überall und jederzeit präsent. Frachtkähne und Motorboote auf dem Rhein, hoch am Himmel die Flugzeuge von und nach Frankfurt sowie der Verkehrsstrom auf der Schiersteiner Brücke, die die Insel überquert. Alles sehr gegenwärtig – trotzdem gefühlt weit entfernt: Naturnahe Erholung im Grenzbereich zwischen den Großstädten Wiesbaden und Mainz.

Die Nutzung des Freizeitgeländes Rettbergsaue ist kostenlos. Per Schiff erreichbar ab Biebrich oder Schierstein. Hunde dürfen nicht auf die Insel.

31

Schlosspark Biebrich
Am Schloss Biebrich
Rheingaustraße 140
65203 Wiesbaden

**Hessisches
Immobilienmanagement**
Niederlassung Wiesbaden
Kreuzberger Ring 22
65205 Wiesbaden
0611 13560
www.hi.hessen.de

WASSERGEMURMEL BEI DER RITTERBURG
Schlosspark Biebrich

Zwei grasgrüne Schatten streichen über die Wasserfläche, mucksmäuschenstill zuerst, um gleich darauf laut kreischend in einer Trauerweide zu landen. Der Teich, über den der Baum seine knorrigen Zweige beugt, wurde einst von Friedrich Ludwig von Sckell angelegt, dem bedeutendsten Gartenarchitekten seiner Zeit. Dahinter erhebt sich eine künstliche Ruine. 1.000 Meter beträgt die Blickachse bis zum barocken Schlossgebäude: Eine ausgedehnte Wiesenfläche, umrahmt von Laubbäumen und geschmückt von verträumten Wegen, Bächen und Baumgruppen. Die Mosburg, aufgesetzt auf die Grundmauern der Burg Pentzenau, bildete von vornherein den pittoresken Gegensatz zum Schloss. Zu einem Landschaftspark umgewandelt wurde der ursprüngliche Barockgarten im Jahr 1817. Friedrich Ludwig von Sckell gelang es auf wunderbare Weise, Baukunst und Natur in eine harmonische Beziehung zu setzen. Der Bauherr des Schlosses, Fürst Georg August, träumte von einem nassauischen Versailles am Rhein. Es dauerte bis 1711, bis dort, wo der Fürst 1698 zunächst ein »herrschaftliches Lusthaus« für die Fürstengattin und wenige Jahre später einen Pavillon errichten ließ, der Grundstein für das prachtvolle Barockschloss gesetzt werden konnte. Auf eine Heizung legte der Bauherr keinen Wert. Das Schloss war als Sommerresidenz gedacht. Erst 50 Jahre alt, starb Georg August im Herbst 1721. Biebrich verdankt diesem Landesherren ein Bauwerk, dessen Proportionen den Besucher bis heute beeindrucken. Ob unmittelbar von der Rheinpromenade oder, mit der Mosburg im Rücken, aus der Ferne betrachtet.

Die meiste Zeit des Jahres gehört die Anlage den erholungssuchenden Spaziergängern. Und den wilden Papageien, die sich hoch in den Baumkronen einen Lebensraum erobert haben. Doch jährlich zu Pfingsten erwacht der Park am Biebricher Schloss aus seiner Ruhe. Wie in vergangenen Zeiten klingen Hufschlag, Schnauben und Wiehern bis zum Rhein hinunter.

Das Restaurant *Schlossküche im Biebricher Schloss* verfügt über eine großzügige Außenterrasse vor der Rotunde. Auf dem Spaziergang zum nahen Anleger lädt ein Eis-Café zur Rast ein.

FÜR PFERDEFREUNDE UND FLANEURE
Longines PfingstTurnier im Biebricher Schlosspark

Jedes Jahr zu Pfingsten verwandelt sich der Biebricher Schlosspark zum weit über Deutschland hinaus bekannten Turnierplatz. Auf dem von hohen, alten Bäumen bestandenen Rasen hinter dem Schloss trifft sich die Internationale Springreiter-Elite. Auch die erfolgreichsten Dressur- und Vielseitigkeitsreiter sowie die Besten der Voltigierer stellen sich den Wettbewerben des Internationalen *PfingstTurniers*.

Um den vorderen Bereich des weitläufigen Parks für höchste Ansprüche zu präparieren, wird viele Wochen vorher mit den Aufbauarbeiten begonnen. Außer dem Dressurplatz hinter dem Schloss und zwei Abreiteplätzen entstehen Tribünen für gut 5.000 Zuschauer. Und jedes Jahr aufs Neue ausgetüftelt wird die Geländestrecke mit festen Hindernissen, die weit in den Park hineinführt. Hier sind die Zuschauer beinahe »hautnah« dabei, wenn die Vielseitigkeitsreiter auf die Strecke gehen. Zusätzlich zu der Geländeprüfung zeigen Reiter und Pferd ihr Können in der Dressur und auf dem Springplatz. Gestemmt wird der Aufbau vom Ausrichter des Turniers, dem *Wiesbadener Reit- & Fahr-Club e.V.* – überwiegend in ehrenamtlicher Arbeit. Zahlreiche Helfer, die dafür ihre Urlaubstage einplanen, sind seit Jahren dabei. Und das PfingstTurnier hat eine lange Tradition: 1929 veranstaltete der Verein das erste Turnier, allerdings noch nicht in Biebrich. 1949 dann die Premiere im Schlosspark.

Auftakt des Turniers ist jedes Jahr wieder der Kutschenkorso durch die Wiesbadener Innenstadt, jeweils am Dienstagabend vor Pfingsten. Bunte Bilder bietet die *PferdeNacht* am Vorabend des Turniers. Wer eine Pause vom Turniertrubel sucht, bummelt durch die »Weiße Stadt« und ihre Stände für Reitsportzubehör und Gastronomie. Daneben gibt es ein ausgesuchtes modisches Angebot. Wer möchte, kann sich mit einem eleganten Hut ausstatten. Und sich ein wenig britisch-royal fühlen wie bei der Ascot-Rennwoche.

Mit einer Flanierkarte hat man Zugang zu alle Bereichen des Turniergeländes (mit Ausnahme der Sitzplätze auf den Tribünen). Empfehlenswert: Decke oder Campingstuhl, um das Geschehen auf dem Gelände und den Abreiteplätzen entspannt zu beobachten.

SIEBEN STOCKWERKE IN DEN UNTERGRUND
Sektkellerei Henkell

An die 12 Millionen Flaschen *Henkell Trocken* werden pro Jahr unter das Volk gebracht. Aber aus welchen Rebsorten wird der Sekt hergestellt? Und worin unterscheiden sich trocken und brut? Ein Besuch in Biebrich wird dem interessierten Sektfreund weiterhelfen. Aber nicht nur das: Wer die berühmte Sektkellerei näher kennenlernen möchte, darf sich auf Superlative gefasst machen. Auf Henkellsfeld scheint alles um mehr als eine Nuance größer und prächtiger.

Während die Fassade des Gebäudes mit geradliniger Eleganz besticht, empfängt den Besucher ein prunkvolles Foyer. Marmor, wohin man blickt: Als Bodenplatten und Stützen ringsherum sowie auf den ausladenden Treppenaufgängen. Treppab schreitet der staunende Gast den Geheimnissen der sieben Kelleretagen entgegen – hoch über dem Kopf ein Portal im Stil des Neurokoko. 1928 wurde der Marmorsaal mit diesen Ausschmückungen versehen, deren verspielte Heiterkeit auf den Sektgenuss einstimmen sollte. Der Ursprung des Unternehmens liegt auf der anderen Rheinseite, in Mainz, wo Adam Henkell im Jahr 1832 eine Weinhandlung gründete und später eigenen »Champagner« kelterte. Sein Enkel Otto Henkell erwarb das Grundstück in Biebrich, einer damals eigenständigen Stadt, und beauftragte den jungen Architekten Paul Bonatz mit dem Bau der Sektkellerei, die 1909 fertiggestellt wurde. Das Vertrauen des Bauherren in den zu der Zeit noch unbekannten Architekten sollte belohnt werden. Paul Bonatz schuf mit *Henkellsfeld* das beeindruckende Beispiel eines neoklassizistischen Unternehmensgebäudes, das bis in unsere Zeit gute Bedingungen für eine zeitgemäße Produktion bietet. Der Erbauer Otto Henkell war in vielen Dingen seiner Zeit voraus. So erkannte er früh den Wert der Werbung und verpflichtete bekannte Künstler zur Gestaltung der Anzeigen. Er erfand den Piccolo, und er wünschte sich ein offenes Haus für alle Liebhaber des prickelnden Getränks. Seit 1910 sind Besucher in der Kellerei willkommen.

Die Sektkellerei lässt sich auf vielfältige Weise erleben: ob bei einer Führung, allerlei Konzerten oder in der legendären Sektnacht. Prickelnde Mitbringsel finden sich im Henkell-Shop.

34

Kasteler Strand
Kasteler Museumsufer
55252 Wiesbaden
(Mainz-Kastel)

Bastion von Schönborn
Rheinufer 12
55252 Wiesbaden
(Mainz-Kastel)
06134 210860
www.bastion-von-schoenborn.de

SONNENBAD AM RHEINUFER
Kasteler Strand

Heiß muss es sein. Und die Sonne hoch am Himmel stehen. Und dann? Die Augen schließen. Die Zehen im Sand vergraben. Im Liegestuhl zurücklehnen und den Wellen lauschen, die sanft ans Ufer schlagen. In der Hand ein eisgekühlter Drink. Wer sich dabei nicht an der Costa del Sol wähnt, ist selbst schuld. An fehlendem Gedränge ringsherum liegt es nicht. Das gehört zum Stranderlebnis dazu. Vor allem, wenn der Sandstrand am Rheinufer liegt. Mit der Reduit im Rücken und dem Mainzer Dom in Blickrichtung. Sofern man die Augen öffnen mag.

Der schmale Sandstrand am Kasteler Rheinufer ist ausschließlich zum Sonnenbaden da. Das Schwimmen ist an dieser Stelle strengstens verboten! Aus gutem Grund: Nur wenige Meter hinter dem Ufer fällt der Untergrund steil ab. Die Strömung ist sogar für einen ausdauernden Schwimmer lebensgefährlich. Mehr als sich die Waden vom Rheinwasser benetzen zu lassen, ist nicht drin – und die Aufmerksamkeit der Eltern daher ausdrücklich gefordert. Die Liegestühle dürfen kostenlos benutzt werden, sofern man auf das Mitbringen eigener Verpflegung verzichtet und sich bei Bedarf am Ausschank versorgt. Betrieben werden der Strand und der von Kastanien beschattete Biergarten vom Restaurant *Bastion von Schönborn*, das in einem historischen Gebäude der Reduit residiert. Der weitläufige Gebäudekomplex wurde Anfang des 19. Jahrhunderts in Verbindung mit dem Ausbau der Festung Mainz als Kaserne gebaut. In der Reduit findet heute eine Vielzahl von Konzerten und Veranstaltungen statt. Wer genug vom Relaxen hat, kann im Museum Castellum, das sonntagvormittags (März bis November) geöffnet ist, römische Fundstücke besichtigen. Oder der Flößerstube, einem kleinen Museum in der *Bastion von Schönborn*, einen Besuch abstatten und sich über die jahrhundertealte Tradition der Flößerei auf dem Rhein informieren. Naturfreunden bietet sich ein Spaziergang rheinabwärts zur Maaraue an. Dort dürfte man auch endlich eintauchen ins kühle Nass: Mitten im Landschaftsschutzgebiet liegt Wiesbadens größtes Freibad *Maaraue*.

Vom Alltag abschalten in der Lounge. Beschirmt von Kübelpalmen und mit dem Blick auf die Mainzer Silhouette und die Theodor-Heuss-Brücke. Urlaubsfeeling verbreitet die Beachbar!

ALS DER BISCHOF NACH VERONA REISTE
Rheingau

Auf der Landkarte ist die Region schnell entdeckt: Wo der Rhein einen scharfen Schlenker nach Westen einschlägt, beginnt – rechtsrheinisch – der Rheingau, und er endet bei Lorchhausen. Das allerdings ist nur eine grobe Lokalisierung. Wer die Gegend aufmerksam bereist, wird bemerken, dass sowohl Walluf als auch Flörsheim-Wicker als »Tor zum Rheingau« grüßen. Zwei Orte, zwischen denen gut 20 Kilometer liegen. Grund der Verwirrung: Es kommt darauf an, von welchem Rheingau die Rede ist. Während zum einen das Weinanbaugebiet Rheingau gemeint ist, beziehen sich andere auf die uralte Kulturlandschaft innerhalb der Grenzen des historischen Rheingauer Gebücks.

Nähern wir uns der Begriffsklärung mit einem Blick in die Vergangenheit: Im Jahr 983 reiste der Mainzer Bischof Willigis, der übrigens den Mainzer Dom bauen ließ, nach Verona zum Reichstag Ottos II. und bekam dort neben Bingen und anderen Ländereien auch den rechtsrheinischen Rheingau zugesprochen. Das kurmainzische Gebiet entsprach weitgehend dem heutigen geografischen Rheingau, der in Walluf beginnt und sich als schmaler Streifen durch Eltville, Kiedrich, Oestrich-Winkel, Geisenheim und über Rüdesheim zum Lorcher Stadtteil Lorchhausen zieht. Dank der »Veroneser Schenkung« herrschten die Mainzer Bischöfe bis zum Beginn des 19. Jahrhunderts mit großem Einfluss und kluger Rücksicht über die Privilegien und Rechte der Rheingauer. Nicht »Stadtluft macht frei«: »Rheingauer Luft macht frei« hieß es im Mittelalter in jenem Landstrich, der keine Leibeigenschaft kannte und seinen Bürgern eigene Landesversammlungen und Landgerichte erlaubte. Freiheiten, die es zu schützen galt.

Um das 12. bis 13. Jahrhundert begannen die Rheingauer, die Grenze zum Taunus mit Rot- und Hainbuchen zu bepflanzen und deren »gebückte« Äste miteinander zu verflechten. Die undurchdringliche Hecke verlief von Walluf in nördlicher Richtung nach Schlangenbad, zog sich parallel zum Rheinufer über das Rheingaugebirge und schließlich durch das Wispertal hinunter nach Lorch. Von den Bollwerken, die die Straßendurchgänge sicherten, blieb als Ruine die Mapper Schanze bei Hausen v.d.H. erhalten.

Zum Ende des 18. Jahrhunderts wurde die Pflege des Rheingauer Gebücks aufgegeben. 1803 endete die Herrschaft der Kurmainzer. Der Rheingau fiel an das Herzogtum Nassau, aus dem nach der Annektierung durch Preußen die Provinz Hessen-Nassau wurde. Als man diese 1867 in Kreise untergliederte, entstand der Rheingaukreis, der später durch Teilung verkleinert wurde. Im Rheingaukreis fasste man zwei Regionen zusammen, die gegensätzlicher kaum sein konnten. Auf der einen Seite die historische Kulturlandschaft am Rheinufer, deren katholische Bewohner durch Weinanbau und beginnenden Tourismus zu Wohlstand gekommen waren. In der Nachbarschaft die Einwohner einer Mittelgebirgslandschaft, deren ausgedehnte Wälder und tiefe Schluchten den protestantischen Bewohnern nur ein karges Auskommen boten. Der Rheingaukreis bestand bis 1977 und wurde im Rahmen der hessischen Gebietsreform mit dem Kreis Untertaunus zum Rheingau-Taunus-Kreis verbunden.

Ein gutes Stück größer als der geografisch-historische Rheingau ist das Weinanbaugebiet Rheingau, das in Flörsheim-Wicker seinen Anfang nimmt und damit die Weinberge an der Mainmündung einschließt. Das westliche Ende liegt ebenfalls in Lorchhausen. Verglichen mit anderen deutschen Anbaugebieten, gehört das Weinanbaugebiet Rheingau mit ca. 3.200 Hektar Rebfläche zu den kleinen, überschaubaren Anbaugebieten. Im historischen Rheingau festigten die jahrhundertelange Eigenständigkeit und die 500 bis 600 Jahre währende Abgeschlossenheit durch das Rheingauer Gebück die regionale Identität der Bewohner. Das spiegelt sich bis in unsere Zeit in einem deutlichen »Wir-Gefühl« in der Kulturlandschaft Rheingau wider. Bevor im Lorcher Stadtteil Lorchhausen die westliche Grenze erreicht ist, kommt eine weitere Besonderheit dazu: Der östliche Zipfel des UNESCO-Welterbes Oberes Mittelrheintal reicht bis in den Rheingau hinein.

Die Rheingauer Rieslingroute führt den Autofahrer auf 65 Kilometern von Wicker bis Lorchhausen durch weltbekannte Weinorte und Weinlagen.

35

Kirche St. Peter und Paul in
Hochheim am Main
Altstadt entlang der
Kirchstraße
65239 Hochheim am Main
www.hochheim.de

**Weinprobierstand
Hochheim**
Am Weiher/Alleestraße
65239 Hochheim am Main
www.weinprobierstand-
hochheim.de

GENIESSEN WIE DIE MAJESTÄTEN
Erkundung der Wein- und Sektstadt

Sehr früh wurde dieser fruchtbare Landstrich am Main besiedelt. Es gibt Spuren keltischen Lebens, wie der Fund eines Fürstengrabes zeigt. Später ließen sich die Alemannen nahe am Main nieder. Die Römer waren es schließlich, die begründeten, was Hochheim bis heute prägt und wessen Qualität sich bis ins englische Königshaus herumsprach: den Weinbau. Königin Viktoria schätzte die Hochheimer Weine ganz besonders. Eine der besten Lagen erhielt Ihrer Majestät zu Ehren den Namen Königin-Viktoria-Berg.

»Good Hock keeps off the doc«. Ein Leitspruch, dem auch Königin Victoria gern gefolgt ist. Die Frage, ob ein guter »Hock« grundsätzlich den Arzt ersetzen kann, wollen wir einmal offenlassen. Dagegen scheint gesichert, dass der »Hock«, wie der Rheinwein im englischsprachigen Raum genannt wird, auf »Hochheim« zurückgeht. Im August 1845 bereiste Queen Victoria den Rheingau und gewährte dabei auch Hochheim die Ehre ihres Besuchs. Die adlige junge Dame zeigte sich von Wein und Trauben entzückt, und die Hochheimer wiederum von Ihrer Majestät. Der findige Winzer Georg Michael Papstmann holte fünf Jahre später die Erlaubnis ein, die Weinlage nach dem königlichen Gast zu benennen. 1854 errichtete Papstmann inmitten des Weinbergs – zum 35. Geburtstag der Königin – ein Denkmal im neogotischen Stil, das dem Ereignis gewidmet ist. Mit einer Höhe von sieben Metern überragt es weithin sichtbar die Rebenreihen. Bis heute bezieht das englische Königshaus Wein aus dieser Lage.

Wer auf Königin Viktorias Spuren wandeln möchte, dem bieten sich allerlei Gelegenheiten in der Wein- und Sektstadt am Main, deren verträumte Altstadtgassen zum Schlendern einladen. Ganz nach Wunsch und Vorliebe kann man in eine Weinstube einkehren, eine der urigen Straußwirtschaften aufsuchen oder es sich am Weinprobierstand gemütlich machen. Oder das Weinfest besuchen. Und hier wie dort genießen wie die Königin.

Den Wein genießen und die Hochheimer Weingüter kennenlernen? Das kann man am Weinprobierstand, der in wechselnder Besetzung von den Winzern betrieben wird.

36

Flörsheimer Warte
Landwehrweg
65439 Flörsheim am Main
0171 5631013
www.floersheimer-warte.de

**Regionalpark-Projekt
Haus des Dichters**
Keltenstraße
65439 Flörsheim am Main
06145 9363630
www.regionalpark-rheinmain.de

WÄCHTER DER WICKERER WEINBERGE
Flörsheimer Warte

Die ursprüngliche Flörsheimer Warte diente bereits im 16. Jahrhundert der Ausschau nach Feinden, die sich aus dem Taunus hätten heranschleichen können, und der Absicherung der Straßen, die in die kurmainzerischen Dörfer Flörsheim, Hochheim, Kastel und Kostheim führten. Der Wachturm auf dem Geißberg zählte zur Kasteler Landwehr und gehörte zu einer Gruppe von insgesamt vier Türmen, die miteinander in Sichtverbindung standen. Als sich die politische Lage änderte, verloren die Wachtürme an Bedeutung.

Was zu mittelalterlichen Zeiten überlebensnotwendig sein konnte, dient heute dem Vergnügen. Jedenfalls für den Schaulustigen, der sich am Ausblick von einem Turm erfreut. Die Flörsheimer Warte hat mit beidem zu tun. Obwohl eine Rekonstruktion und nicht das Original, zeichnet sie das Bild einer mittelalterlichen Wehranlage nach und lädt ein, eine Kulturlandschaft mit langer Vergangenheit aus dem erhöhten Blickwinkel zu betrachten. Mit all ihren Schönheiten und Verletzbarkeiten, die sich hier – am »Tor zum Rheingau« – aufspüren lassen.

Die Flörsheimer Warte teilte das Schicksal vieler mittelalterlicher Gebäude und wurde um 1817 bis auf das Fundament abgebrochen. Man brauchte die kostbaren Mauersteine für andere Bauten – in diesem Fall für die Mauer eines Weinguts. Der heutige Turm, die neue Flörsheimer Warte, stammt aus dem Jahr 1996; ein Projekt, das im Rahmen der Rekultivierung der Kiesgrubenlandschaft Weilbach entwickelt und finanziert wurde. Die Warte steht nicht direkt auf, sondern in der Nähe der alten Fundamente. Eine bewusste Entscheidung, wollte man die Rekonstruktion doch vom vorigen Bauwerk abgrenzen. Bei den Baustoffen vermischen sich traditionell verwendete Natursteine und moderne Materialien. Außen mit Elementen des Originals geschmückt, zeigt sich das Innenleben zeitgemäß. Über vier Etagen verteilen sich Eingangsbereich, Küche, Restaurant und die obere Aussichtsebene, die weiten Ausblick über die Wickerer Weinberge bis hin zu Taunus, Hunsrück und auf die Frankfurter Skyline bietet.

Der Weinlaubengang und die Apfelweinroute führen an der Flörsheimer Warte vorbei. Oder man wandert zum Regionalpark-Projekt *Haus des Dichters,* das eine aufgefüllte Kiesgrube krönt.

37

Kurfürstliche Burg
Burgstraße 1
65343 Eltville am Rhein
06123 90980
www.eltville.de
www.burghofspiele.de

EIN MAINZER WIRD HOFMANN
Kurfürstliche Burg

Der 17. Januar 1465 war ein bedeutsamer Tag für einen Mainzer, der Zeit seines Lebens eine enge Beziehung zu Eltville besaß: Johannes Gutenberg wurde vom Kurfürsten Adolph II. von Nassau zum Hofmann ernannt. Ein Amt, das dem in bescheidenen Verhältnissen lebenden Gutenberg eine Leibrente in Naturalien einbrachte. Heute erinnert ein Stockwerk im Wehrturm der Kurfürstlichen Burg zu Eltville an den genialen Erfinder des Buchdrucks.

Fünfeinhalb Liter Wein, so heißt es, gehörten unter anderem zu Johannes Gutenbergs Leibrente. Täglich! Geboren in Mainz, verbrachte er – Henne Gensfleisch genannt – weite Teile seiner Kindheit bei Verwandten in Eltville. Als er seine Urkunde in Empfang nehmen durfte, war die Kurfürstliche Burg noch vergleichsweise jung an Jahren. 1330 war mit dem Bau auf den Grundmauern einer noch älteren Burg begonnen worden. Über mehrere Jahrhunderte diente die Burg als Sitz der Mainzer Kurfürsten, den Herren über den Rheingau. Was wir heute sehen, sind die Überbleibsel einer einst gewaltigen Anlage, die dem Dreißigjährigen Krieg Tribut zollen musste. Als ihr vielleicht stolzestes Bauwerk blieb der quadratische Wehrturm erhalten. In schlanker Gestalt erhebt sich der Turm aus dem 14. Jahrhundert über dem Burggraben, der nun den Rosengarten beherbergt. Gekrönt wird der Turm von einer Wehrplatte, die – bekränzt von Zinnen und Eckförmchen – über 123 Stufen zu erobern ist: eine Bauart, die damals den Geschmack der Kirchenfürsten traf. Von oben schaut man weit hinweg über den Strom und die Rheinlandschaft. Sehenswert sind auch die vier darunter liegenden Stockwerke mit verschiedenen Ausstellungen; unter anderem eine historische Sammlung zur Eltviller Stadtgeschichte. Der ehemalige Wirtschaftsraum steht für wechselnde Kunstausstellungen zur Verfügung. Die Gutenberg-Gedenkstätte im zweiten Stockwerk, die im Rahmen einer Stadtführung zu besichtigen ist, erinnert an die besondere Beziehung zwischen Johannes Gutenberg und Eltville, der Stadt, in der die frühesten Druckwerke der Welt entstanden.

Bei den jährlichen Burghofspielen werden Eltville und seine Ortsteile zur Konzertbühne für international bekannte Orchester und Stars der Musikszene.

38

Rosengarten der Kurfürstlichen Burg
Platz von Montrichard 11
65343 Eltville am Rhein
06123 90980
www.eltville.de

BLÜTENZAUBER IM BURGGRABEN
Rosengarten der Kurfürstlichen Burg

Bis auf zehn Meter Höhe haben die Kletterrosen die Burggrabenmauern der Kurfürstlichen Burg erobert. In verschwenderischen Kaskaden überziehen die Blüten das Mauerwerk, während sich die edlere Verwandtschaft in den Beeten zur Schau stellt. Die Königin der Blumen schmückt nicht allein den Rosengarten am Burggraben. Auch in der Altstadt begegnet man ihr auf Schritt und Tritt. Rote Rosen. Gelbe Rosen. Weiße Rosen. Edelrosen. Beetrosen. Alte Sorten. Neue Sorten. Wer Rosen liebt, muss zur Blütezeit nach Eltville. In die Stadt der Rosen.

Seit 1988 darf Eltville sich offiziell »Rosenstadt« nennen. Ein Titel, den die Stadt dem damaligen Verein Deutscher Rosenfreunde (heute *Gesellschaft Deutscher Rosenfreunde e. V.*) verdankt. Die Verbindung zwischen Eltville und der Königin der Gartenpflanzen hat allerdings einen weit älteren Ursprung. Bereits in Carl Schmitts Rosenschule, gegründet 1871, wuchsen auf den Feldern außerhalb der Stadt Rosen heran. Im milden Klima entwickelten sich die Pflanzen prächtig. Bis an den Hof des russischen Zaren wurden die Rosenstöcke verschickt. Das blühende Geschäft fand Nachahmer. Bald verschrieben sich weitere Eltviller Gärtnereien der Rosenzucht und ernteten Anerkennung und Aufmerksamkeit bei Ausstellungen. Nach beiden Weltkriegen schien die Epoche der Rosen in dem Rheinstädtchen Vergangenheit. Bis sich in den 1960er- Jahren ein Fachmann erneut der Rosen annahm: Reinhard Pusch, ein Stadtgärtnermeister, verhalf den Eltviller Rosen zu neuer Blüte und setzte fleißig Rosenstöcke in die städtischen Grünanlagen. 1979 rodete der »Eltviller Rosenvater« den verwilderten Burggraben, um auch hier Rosenbeete anzulegen und Raum für die Kletterrosen zu schaffen. Inzwischen beherbergt die Rosenstadt 22.000 Rosenstöcke in 350 Sorten, von denen die meisten rund um die Burg und am Rheinufer stehen. Eltville wäre nicht Rosenstadt, gäbe es darunter nicht etliche Raritäten, die nicht nur zu den *Rosentagen* ihre Bewunderer finden. An jedem ersten Wochenende im Juni lädt Eltville zu einem bunten Programm rund um die Rose ein.

Der Rosengarten am Burggraben ist von April bis September täglich von 9.30 bis 19 Uhr und von Oktober bis März täglich von 10 bis 17 Uhr geöffnet.

39

Kirche St. Peter und Paul
Altstadt von Etville
Rund um den Marktplatz
65343 Eltville am Rhein
www.eltville.de

Kulturzentrum Eichberg
Kloster-Eberbach-Str. 4a
65346 Eltville am Rhein
06123 6027652
www.kuz-eichberg.de

BLÜHENDE FACHWERKSTADT
Von der Altstadt zur Rheinpromenade

»Wein-, Sekt- und Rosenstadt« nennt sich die beschauliche Stadt am Rhein – und dürfte zu Recht außerdem das Attribut »Fachwerkstadt« führen. Dem Fachwerk begegnet der Besucher in der Altstadt in allen Gassen und kann dessen 400-jährige Baugeschichte studieren. Die ältesten Häuser gehen auf die Zeit um 1550 zurück. Die jüngeren wurden bis zum Jahr 1850 gebaut. Nur wenige Schritte sind es von der Altstadt hinunter zur Rheinpromenade.

Auf dem Weg lässt sich beobachten, wie sich der Zeitgeschmack ändert: Das nostalgische Fachwerk, das für uns den anmutigen Reiz einer Altstadt ausmacht, war in früheren Zeiten aus der Not geboren. Wer es sich leisten konnte, bewohnte lieber ein gemauertes Gebäude, das dauerhafter und besser vor Feuer geschützt war. Ärmere Bauherren behalfen sich damit, die einfache Fachwerkkonstruktion unter einer Schicht Putz zu verbergen, die nicht nur die Fassade schützte, sondern ihr auch den Anschein eines wertvollen Mauerwerks verlieh. Deswegen wurden selbst kunstvolle Holzkonstruktionen nachträglich verputzt. Andere Eltviller Fachwerkhäuser, die nach 1700 gebaut wurden, hatte man von vornherein unter Putz oder mit einer Schieferverkleidung geplant. Seit die Fassaden bei der Eltviller Altstadtsanierung freigelegt wurden, lässt sich dieser Baustil mit allen seinen Facetten bei einem Stadtspaziergang betrachten. Der Name der Stadt geht auf den Ortsnamen »Alta Villa« zurück. Ob dieser römischen Ursprungs sein könnte, ist nicht geklärt. Dagegen steht fest, dass sich die Römer in diesem klimatisch begünstigten Landstrich am Rhein angesiedelt hatten. Später ließ sich ein fränkischer König nieder und baute seinen Hof an der Stelle, an der sich nun die Kurfürstliche Burg erhebt. Die Burg steht – ebenso wie der hohe Kirchturm – beispielhaft für die Blütezeit des Städtchens im 14. und 15. Jahrhundert, als hier die Mainzer Erzbischöfe residierten. Heute ist die Stadt vom Weinbau geprägt. Und wie der Wein schmeckt, lässt sich an den Sommerwochenenden am Weinprobierstand erkunden, der idyllisch in Sichtweite der Burg an der Uferpromenade liegt.

Im Stadtteil Erbach vereinen sich beim Erdbeerfest im Juni Wein und Beere zu einer köstlichen Bowle. Sehenswerte Veranstaltungen präsentiert das Kulturzentrum Eichberg.

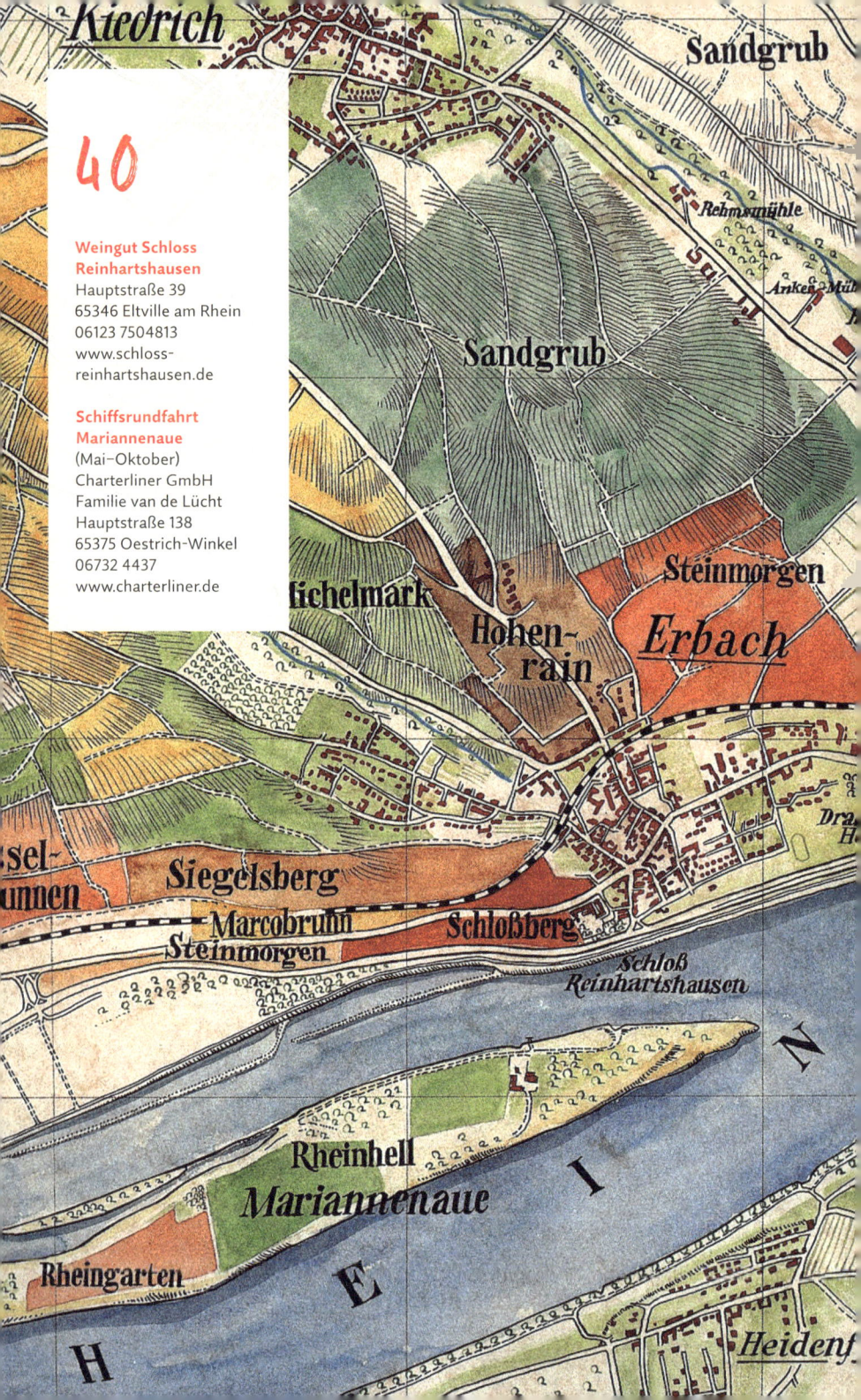

40

Weingut Schloss Reinhartshausen
Hauptstraße 39
65346 Eltville am Rhein
06123 7504813
www.schloss-reinhartshausen.de

Schiffsrundfahrt Mariannenaue
(Mai–Oktober)
Charterliner GmbH
Familie van de Lücht
Hauptstraße 138
65375 Oestrich-Winkel
06732 4437
www.charterliner.de

 # DIE INSEL DER PRINZESSIN VON PREUSSEN
Weingut Schloss Reinhartshausen

Es war sicherlich kein Zufall, dass Prinzessin Marianne von Preußen, die Tochter des niederländischen Königs Wilhelm I., die anmutige Landschaft des Rheingaus zur Wahlheimat erkor. Nah am Rheinufer, im Erbacher Schloss Reinhartshausen, entdeckte sie ein Domizil für sich und all die Kunstschätze, die sie auf ihren Reisen gesammelt hatte. Und schuf damit auch ein Zuhause für ihren Sohn Johannes Wilhelm. Das einzige Kind, das der Prinzessin geblieben war.

Als Marianne von Preußen das Schloss Reinhartshausen im Jahr 1855 erwarb, war Johannes Wilhelm sechs Jahre alt. Mariannes Ehe mit Prinz Albrecht von Preußen war längst geschieden. Zuvor hatte sie zahlreichen Affären ihres Gatten erdulden müssen und fand Rückhalt bei einem Liebhaber. Zur Scheidung kam es, als sich die Prinzessin zum Vater ihres Sohnes bekannte. Sie musste ihre drei ehelichen Kinder zurücklassen und sich ins Exil begeben. Johannes van Rossum, ehemaliger Oberstallmeister und Sekretär, begleitete seine Lebensgefährtin in das Schloss Reinhartshausen, das 1801 auf dem Sitz der Ritter von Erbach erbaut worden war. Als Kunstsammlerin richtete sie ein Museum für ihre Schätze ein. 1861 verlor sie ihren Sohn Johannes durch eine Lungenentzündung. Zeit ihres Leben sozial engagiert, lebte Marianne bis 1883 in Erbach und wurde dort begraben.

Der Prinzessin zum Gedenken nannte man die dem Schloss gegenüberliegende Insel Mariannenaue: die größte Rheininsel, verwöhnt vom milden Klima und ein Rückzugsgebiet für Wasservögel. Früher für die Landwirtschaft genutzt, wird heute ausschließlich Weinbau vom Gut Reinhartshausen betrieben. Die Bewirtschaftung erfolgt in Absprache mit der Naturschutzbehörde. Trotzdem bietet sich hin und wieder die Gelegenheit, die Insel zu besuchen: auf einer der seltenen Führungen, die das Weingut veranstaltet. (Mückenschutz ist angeraten!) Im Sommer kann man die Mariannenaue vom Wasser aus erkunden: auf einer der Schiffstouren, die um die Insel herumführen.

Wer sich die Weine vor Ort munden lassen möchte, findet Gelegenheit dafür in der Residenz Weingut Schloss Reinhartshausen, der ehemaligen *Schlossschänke* (www.residenz-schloss-reinhartshausen.de).

41

Burgruine Scharfenstein
Rheinsteig
65399 Kiedrich
www.kiedrich.de

Weinprobierstand Kiedrich
(April–Oktober)
via: Mühlweg/Mühlberg
65399 Kiedrich
06123 90500
www.kiedrich.de

WO DAS MITTELALTER HÖRBAR WIRD
Von der Burgruine Scharfenstein ins Winzerstädtchen

»Schatzkästlein der Gotik«, nennt sich der Weinort, und in der Tat sind die Stilelemente der mittelalterlichen Baukunst bis heute im Kiedricher Ortskern erkennbar. Neben den Baudenkmälern hütet das Winzerstädtchen einen anderen außergewöhnlichen Schatz. Seit Jahrhunderten pflegen die Kiedricher Chorbuben ihre mehrstimmigen gregorianischen Gesänge. Und nicht nur das: Der Chor singt in einer überlieferten gotischen Variante.

Unbeirrt von modischen Strömungen, halten die Kiedricher Chorbuben ihre Tradition seit 1333 aufrecht, als der Dorfschullehrer die mehrstimmigen Choräle lehrte und seine Schüler zusätzlich in Latein unterrichtete. Weil die Chorgesänge während des 18. und 19. Jahrhunderts in Gefahr gerieten, vergessen zu werden, setzte sich ein Engländer für den Fortbestand des Chores ein. Der Stiftung des Baronet John Sutton im Jahr 1865 ist es zu verdanken, dass einer der ältesten Kirchenchöre bis in moderne Zeiten zu hören blieb.

Älter als der Chor ist die Burg Scharfenstein, gebaut um 1160 und heute zur Ruine verfallen. Der Bergfried blieb standhaft. Sich weithin sichtbar aus den Weinbergen erhebend, bietet er von seinen Grundmauern aus einen hübschen Ausblick auf Kiedrich. In der Nähe der Burgruine liegt der *Weinberg der Ehe,* dessen 1.500 Riesling-Rebstöcke jenen Ehepaaren gewidmet sind, die sich in Kiedrich das Ja-Wort gaben und nun alle zwei Jahre zu einem Umtrunk aus dem »eigenen« Weinberg eingeladen werden. Ein guter Grund, in Kiedrich zu heiraten und sich vielleicht in der St. Michaelskapelle trauen zu lassen, die zu den berühmtesten spätgotischen Kirchenbauten am Mittelrhein zählt. Ihre Nachbarin, die St. Valentinuskirche, stammt aus der Zeit um 1300 und ist die Heimatkirche der Kiedricher Chorbuben. Zum Singkreis gehören nun auch Mädchen und Frauen und er pflegt als Spezialität den »Germanischen Dialekt«, den melodischsten der gregorianischen Gesänge. In Verbindung mit der gotischen Glocke und der 500 Jahre alten Orgel ein einzigartiges Klangerlebnis.

Die Kiedricher Winzer präsentieren ihre Weine abseits vom Straßenverkehr und mitten im Grünen in der Weinlage *Wasseros.* An einfachen Tischen finden Weinliebhaber genussvoll zusammen.

# BURGENIDYLLE AM VATER RHEIN
Rheinromantik

Nirgendwo sonst liegen die Burgen so eng beieinander wie im Rheintal. Einst errichtet als Symbole für Macht und Reichtum, so unbequem der Alltag darin aus heutiger Sicht auch gewesen sein mochte, wurden sie in Kriegszeiten weitgehend zerstört. Bis ihre Ruinen im 19. Jahrhundert als einzigartige Schätze des Rheintals wahrgenommen wurden. Die Silhouetten der teils verfallenen, teils rekonstruierten Burgen prägen die Rheinlandschaft im Einklang mit Weinbergen und Winzerstädten bis heute. Als Beginn der Rheinromantik gilt der Sommer 1802. Damals bereiste der deutsche Dichter und Philosoph Friedrich von Schlegel das Mittelrheintal und hielt seine Eindrücke in einem Tagebuch fest. Reiseerlebnisse, die auf große Begeisterung stießen.

Auf Friedrich von Schlegels Spuren bewegten sich Friedrich Hölderlin, Clemens Brentano und Heinrich Heine. Den deutschen Romantikern folgten englische Maler wie William Turner. Dessen Gemälde ungezügelter Flusslandschaften lockten wohlhabende Engländer heran, die am Rhein suchten, was ihre industrialisierte Heimat ihnen nicht zu bieten vermochte. Allen voran der Maler und Dichter Lord Byron, dessen überschwängliche Lobeshymnen der Rheintouristik den Weg bereiteten. Da kam die sich 1827 entwickelnde Dampfschifffahrt sehr gelegen. Seit den Zeiten der Römer ist das Rheintal ein Hauptverkehrsweg. Ob es den frühen Reisenden angesichts der Beschwerlichkeiten und Gefahren des reißenden Stroms an Muße und Sinn für die Schönheiten der Natur fehlte? Gerade diese ungezähmte Natur fesselte die Romantiker. Als wäre sie gesättigt von den Linien und Geometrien der Barockgärten, sehnte sich eine heranwachsende Künstlergeneration nach dem Ungestümen und Unberechenbaren. Und inmitten der schroffen Felsen erhoben sich die Burgruinen, die von einer heroischen Vergangenheit zeugten und nur darauf warteten, die Leidenschaft der jungen Dichter und Maler zu wecken. Bei so viel Begeisterung wollte der Adel nicht zurückstehen. So wie das preußische Königshaus, das mehrere Burgen im Stil romantischer Ritterburgen herrichten ließ.

Der Ursprung der ältesten Rheinburgen liegt im 11. und 12. Jahrhundert. Im 14. Jahrhundert erlebte der Burgenbau seine Blütezeit. Der Kaiser verlor immer mehr an Macht, und die regionalen Herren gewannen Oberhand. Die Erhebung von Zöllen entwickelte sich zu einem einträglichen Geschäft. Neben den Zollburgen und solchen Burganlagen, die Bestandteil einer Stadtbefestigung waren, gab es Adelshöfe und Wohnburgen. Der Alltag auf der Burg war von Enge und einfachster Ausstattung bestimmt. Die so verspielt anmutenden Himmelbetten sollten während der Nacht vor Krabbelgetier schützen, das sich von der Zimmerdecke hätte fallen lassen können. Ein Teil der Plagegeister wird einen anderen Zugang gefunden haben. Der karge Besitz lagerte in Truhen, und als Esstisch genügte eine Holzbohle, die auf Böcken ruhte, bis »die Tafel aufgehoben wurde«. Bis in den Sommer hinein hielt sich die klamme Feuchtigkeit zwischen den Burgmauern, und im Winter kroch der Frost durch die offenen Fensternischen. Gemessen am Wohnkomfort der übrigen Bevölkerung, ließ es sich in den Burgen dennoch gut leben. Vor allem, weil deren Mauern in Kriegszeiten einen größeren Schutz vor Übergriffen boten.

Zu den beeindruckendsten Burgruinen gehört die Burg Ehrenfels bei Rüdesheim. Am Steilhang gelegen, ragen zwei Burgtürme inmitten der Weinberge auf. Die Zollburg wurde im Mai 1689 von französischen Truppen zerstört. Als Beispiel für die Burgenromantik des 19. Jahrhunderts mag die Burg Schwarzenstein dienen. Mit Turm und gezacktem Mauerwerk erweckt die Burg den Anschein einer mittelalterlichen Ruine. Tatsächlich wurde der Grundstein im Jahr 1873 gelegt. Bauherr war der Frankfurter Weinhändler Peter Arnold Mumm, der mit der Wiedererlangung des alten Adelstitels *Mumm von Schwarzenstein* ein Zeichen setzen wollte: Mit einer eigenen Burg, die perfekt die Rheinromantik im Historismus verkörpert. Hoch oberhalb von Johannisberg reiht sich die Burg Schwarzenstein, die heute zwei Restaurants und ein Hotel beherbergt, stolz in die Reihe der Rheinburgen ein.

Das Brentanohaus in Oestrich-Winkel war einst die Begegnungsstätte der namhaften Dichter und Literaten der Rheinromantik. Auch Goethe kam zu Besuch. Führungen auf Anfrage: www.brentano.de.

42

**Eventhof Kisselmühle
Rheingau Lamas &
Alpakas**
Alexandra und Frank Messing
Untere Kisselmühle 1
65346 Eltville
06723 87360
www.kisselmuehle.de

MIT LAMAS DURCH DEN RHEINGAU
Eventhof Kisselmühle

Zwei langbeinige Fellbündel sausen im Galopp los. Sofort gesellt sich ein drittes Jungtier dazu. Mit jeder Runde schließen sich weitere an, bis eine ganze Schar junger Lamas und Alpakas im Spiel über die Weide jagt; wohlwollend beobachtet von Alexandra Messing, der Hausherrin der Kisselmühle. »Die Kleinen holen sich gegenseitig ab, und dann geht es rund.« So ausgelassen sich die Jungen austoben, so ausgeglichen wirken die älteren Mitglieder der 80-köpfigen Herde. Auf einer Wanderung können Tierfreunde die sanftmütigen Lamas näher kennenlernen.

Der Zufall führte Alexandra Messing und ihre Familie in die Nachbarschaft des Klosters Eberbach. Als die Familie Messing in der Kisselmühle eine Wohnung bezog, lebten schon seit einigen Jahren Lamas und Alpakas auf den umliegenden Weiden. Die Zucht gehörte Konrad und Lydia Kraft, deren Ziel es war, die Ursprünglichkeit des Tals zu erhalten: Mit Hilfe der Lamas und Alpakas, den idealen Landschaftspflegern. Der Naturschutz steht auch für Alexandra Messing im Vordergrund, seit sie die Kamelidenzucht in der Kisselmühle übernommen hat. »Mit ihren weichen Schwielensohlen schonen die Tiere den Boden. Das Gras zupfen sie vorsichtig mit den Lippen.« In ihrer südamerikanischen Heimat werden die freundlichen Neuweltkameliden seit Jahrtausenden als Haustiere gehalten. Während man an den zierlichen Alpakas vor allem die feine Wolle schätzt, bewähren sich die kräftigeren Lamas in den unzugänglichen Andenregionen beim Tragen von Lasten. »Natürlich müssen die Lamas mit Liebe und Sachverstand mit ihrer Aufgabe vertraut gemacht werden. Dann sind sie sehr zuverlässig und lassen sich auch von Kindern führen.« Selbstverständlich nur unter Aufsicht! Alexandra Messing ist immer dabei und erklärt den Gästen vorab, worauf es im Umgang mit den Lamas ankommt. Und sie kann alle beruhigen, wenn die unvermeidliche Frage nach dem »Spucken« kommt. Diese Methode, sich Respekt zu verschaffen, behalten sich die menschenfreundlichen Tiere für Ihresgleichen vor. Damit steht dem Naturerlebnis der besonderen Art nichts entgegen.

Neben Lamas und Alpakas ist die Kisselmühle auch Heimat für Trampeltiere, Dromedare sowie Rentiere, Kängurus und Pferde, die auf gebuchten Veranstaltungen näher kennengelernt werden dürfen.

43

Stiftung Kloster Eberbach
Kloster Erbach
65346 Eltville im Rheingau
06723 9178100
www.klostereberbach.de

IM NAMEN DER ROSE
Kloster Eberbach

In jedem Winkel des Klosters scheint die Vergangenheit gegenwärtig. Im Kreuzgang wie in der Basilika möchte der Besucher unwillkürlich Ausschau halten nach barfüßigen Mönchen in grob gewebten Kutten, die nicht zufällig an William von Baskerville alias Sean Connery und seine Ordensbrüder aus *Der Name der Rose* erinnern. Hier wurden im Winter 1985/86 die Innenaufnahmen für den Film gedreht, dem Umberto Ecos bildgewaltiger Roman zugrunde liegt. Doch nicht allein deswegen gehört das Kloster Eberbach zu den herausragenden Rheingauer Ausflugszielen.

Die Dreharbeiten bilden eine winzige Episode in der 900-jährigen Klostergeschichte. Im Jahr 1136 von 13 Zisterziensermönchen aus Burgund gegründet, hat sich das Kloster im Lauf der Jahrhunderte beständig weiterentwickelt und zeigt ein Panorama klösterlicher Baugeschichte. Wie im Rheingau nicht anders zu erwarten, spielte der Weinanbau zu allen Zeiten eine prägende Rolle. Was nicht zu falschen Schlüssen verleiten sollte. Das Leben im Zisterzienserorden war mühevoll und entbehrungsreich. Der Auftrag »ora et labora« (»bete und arbeite«) bestimmte den Tagesablauf der Mönche. Die Schweigegelübde wurden von kargen Mahlzeiten begleitet, und der Alltag in den zugigen und nasskalten Räumen forderte seinen Preis. Mit der französischen Revolution und der anschließenden Säkularisierung kehrte weltliches Leben in die Klostermauern ein. Viele Besonderheiten der Ausstattung gingen verloren, und die Gebäude litten unter der Zweckentfremdung als Frauengefängnis, »Irrenanstalt« und Viehstall. 1986 wurde damit begonnen, nach und nach die gesamte Anlage zu restaurieren. Heute strömen Besucher durch die Klostergänge und spähen neugierig in die Weinkeller. Wer sich nach dem Rundgang stärken möchte, kehrt in die *Klosterschänke* ein – und begegnet dort nicht selten einer Hochzeitsgesellschaft. Auch für das Ja-Wort am schönsten Tag im Leben bildet das Kloster Eberbach einen einzigartigen Rahmen.

Das Kloster ist das ganze Jahr über geöffnet. Eine reiche Auswahl bieten die Vinothek und der Klosterladen.

44

Steinberger Tafelrunde
via: Kloster-Eberbach-
Straße
65346 Eltville am Rhein

**Rheingau Musik Festival
Konzertgesellschaft mbH**
Rheinallee 1
65375 Oestrich-Winkel
06723 602170
www.rheingau-musik-
festival.de

IM LIEBLINGSWEINBERG DER MÖNCHE
Steinberger Tafelrunde in Hattenheim

Von 1136 bis 1239 hatten die Zisterziensermönche des Klosters Eberbach Landparzellen gekauft und getauscht, bis der gesamte Weinberg – der Steinberg – in den Besitz des Klosters gelangte und mit dem Bau der berühmten Bruchsteinmauer begonnen werden konnte. 1766 war das Bauwerk vollendet. Seitdem schützt die bis zu vier Meter hohe Mauer die wertvollen Trauben vor Langfingern und die Rebstöcke vor den Extremen des Wetters. Der Steinberg, einst der Lieblingsweinberg der Mönche, gehört heute als Domäne Steinberg zu den Hessischen Staatsweingütern Kloster Eberbach. Mit dem hochmodernen Steinbergkeller, der 2010 mit einem Architekturpreis ausgezeichnet wurde, stoßen wir auf einen weiteren Superlativ. Über drei Stockwerke verteilt sich die Gesamtfläche von 5.000 Quadratmetern. Der Steinberg gilt als eine der besten Lagen im Rheingau. Auf einer Fläche von 34 Hektar wird ausschließlich Riesling angebaut.

Keine Frage also, dass den Gästen der *Steinberger Tafelrunde* zu der zünftigen Vesper Riesling serviert wird. In einer 600 Meter langen Reihe schlängeln sich die Tische zwischen den Rebstöcken entlang: die »längste Tafel der Welt« im größten Weinberg des Rheingaus. Eine der wertvollsten Weinberglagen, umgeben von einer mächtigen Bruchsteinmauer. Nicht zu vergessen die Musikgruppen, die die Tafelnden beim größten Open-Air-Konzert des *Rheingau Musik Festivals* unterhalten. 1.200 Menschen rücken zusammen unter den weißen Schirmen, die bei Bedarf sowohl vor Sonne als auch vor Regen schützen sollen. Begeisterte Tafelrundenbesucher lassen sich selbst von schlechtem Wetter nicht abschrecken, um sich inmitten des Weinbergs von Jazz, Swing und Kleinkunst unterhalten zu lassen. Die *Steinberger Tafelrunde* zählt zu Recht zu den Klassikern des *Rheingau Musik Festivals*.

Doch auch außerhalb dieses Events lässt sich der Steinberg weinselig erleben: mit einer Einkehr am Schwarzen Häuschen, das bei schönem Wetter von April bis Oktober an den Wochenenden geöffnet ist. Genießen Sie den Traumausblick bei einem Schoppen Mauerwein!

Zu Führungen und Weinverkostungen im Steinbergkeller lädt die Domäne Steinberg ein. Informationen zu den Veranstaltungen und dem Schwarzen Häuschen unter: www.kloster-eberbach.de.

45

**Weingut
Georg Müller Stiftung**
Peter Winter
Eberbacher Straße 7–9
65347 Eltville-Hattenheim
06723 2020
www.georg-mueller-
stiftung.de

LICHTOBJEKTE IN VERBORGENEN WINKELN
Weingut *Georg Müller Stiftung* in Hattenheim

»Ich wollte für ein Jahr nach England«, erzählt Peter Winter, der sich als junger Bankkaufmann von 21 Jahren auf die Stellenanzeige einer großen Weinvertriebsgesellschaft beworben hatte. »Dass es um Wein ging, war zunächst zweitrangig.« Doch das Thema Wein packte den gebürtigen Schleswig-Holsteiner schnell. Er blieb für zehn Jahre in England, war als 23-Jähriger bereits Verkaufsleiter, ein Jahr später Geschäftsführer und zählte britische Herrenhäuser und Universitäten zu seinen Kunden. Während ihn seine Aufgaben über drei Jahrzehnte lang nach Südamerika und Südafrika, China und Japan führten, entstand der Wunsch, sich mit Anfang 60 mit einem »kleinen, aber feinen Weingut« selbstständig zu machen. 2003 – Peter Winter war inzwischen Vorstandsvorsitzender des Weinvertriebs – erfuhr er, dass in Hattenheim das Weingut *Georg Müller Stiftung* zum Verkauf stand. Dessen Gründer Georg Müller hatte das Weingut seiner Heimatstadt 1913 mit der Auflage übergeben, die Erlöse den Bedürftigen zukommen zu lassen.

Beim ersten Gang durch den Gewölbekeller erkannte Peter Winter: Mit dem Weingut *Georg Müller Stiftung* ließen sich seine beiden Leidenschaften – der Wein und die Kunst – vortrefflich verbinden. Zum historischen Weingut im Rheingauer Städtchen Hattenheim gehört, neben ausgezeichneten Weinlagen, eben auch dieser Keller, der nun dank seiner beeindruckenden Ausmaße den Exponaten der zeitgenössischen Kunst eine unvergleichliche Heimat bietet.

»Ich war bereits in Portugal und Südafrika auf der Suche. Dass es der Rheingau wurde, ist auch deswegen besonders schön, weil Wiesbaden so nah liegt«, erinnert sich der erfolgreiche Winzer und Förderer, der während einer Auszeit selbst einige Monate ein Künstlerleben führte. Beim ersten Blick in das unterirdische Weinlager sei er sicher gewesen, die Künstler würden ebenfalls begeistert sein. Eine ausgefeilte Beleuchtung setzt im außergewöhnlichen Ausstellungsraum die Objekte ins rechte Licht. Auch oberhalb des Kellers wird Kunst geboten: Werke internationaler Herkunft, die erworben werden können.

Ein 250 Jahre altes Gewölbe, Weinlager und ausgewählte Exponate auf 1.100 Quadratmetern. Der Kunstkeller kann täglich zu den Öffnungszeiten des Weinguts besichtigt werden.

46

Gasthof Zum Krug in der
Hattenheimer Altstadt
Hauptstraße 34
65347 Eltville am Rhein
06723 99680
www.zum-krug-rheingau.de

Weinprobierstand Hattenheim
Rheinufer Hattenheim
65347 Eltville am Rhein
06723 885755
www.weinprobierstand.de

FACHWERKROMANTIK AM WEINMARKT
Hattenheim

Hier macht selbst der Rhein eine Pause, sagt man in Hattenheim, wo der Strom breit genug ist für die größte Insel im Rhein, die Mariannenaue. Oberhalb des Rheinufers liegen die bekannten Weinlagen Nussbrunnen, Wisselbrunnen und Steinberg. Um die 20 Weingüter zählt der Winzerort, der 1972 nach Eltville eingemeindet wurde.

Der attraktivste Weinprobierstand Deutschlands liegt am Hattenheimer Rheinufer. Davon sind jedenfalls die Hattenheimer überzeugt. Wer den Weinstand im Grünen rund um das Hattenheimer Fass – genauer: drei 10.000-Liter-Fässer – besucht hat, wird kaum widersprechen wollen. Worauf treffen wir außerdem in dem Winzerstädtchen? Auf historische Gassen, schmucke Fachwerkhäuser, noble Restaurants und eine ungewöhnliche Burg. Diese befindet sich mitten im Ort – von den alteingesessenen Hattenheimern in liebevoller Vereinfachung »der Bau« genannt. Ein ungewöhnlich hoher Kaminaufbau ziert den viergeschossigen Wohnturm aus dem 15. Jahrhundert. Der Grundstein der Burg wurde vermutlich im 12. Jahrhundert gelegt. Instand gesetzt vom Burg- und Verschönerungsverein, kann die Burg für Feste und Feiern genutzt werden. Die größte Veranstaltung ist das Burgfest. Die katholische Barockkirche St. Vincenz stammt aus der Mitte des 18. Jahrhunderts. Hattenheims Geschichte ist eng mit dem nahe gelegenen Kloster Eberbach verbunden.

Geschichtsträchtig ist auch der Ortskern mit seinen Fachwerkhäusern aus dem 16. bis 18. Jahrhundert. Einen Blickfang bilden das Gasthaus Zum Krug und seine Nachbarhäuser am Marktplatz. Die Gassen mit ihren kunstvollen Fachwerkhäusern versetzen uns zurück in die Zeit, als auf diesem Marktplatz mit Wein gehandelt und offensichtlich gut daran verdient wurde. Der Verkauf war streng geregelt. Keinem Winzer war es damals erlaubt, seinen Wein früher als zum Weinmarkt anzubieten. Die im Jahr 1142 gegründete *Schröderbruderschaft* war dafür zuständig, die schweren Fässer aus den Kellern zu den Schiffen zu transportieren.

Neben dem Weinhaus *Zum Krug* gehören *Die Adlerwirtschaft* (www.adlerwirtschaft.de) und das *Kronenschlösschen* (www.kronenschloesschen.de) zu den namhaften Hattenheimer Gasthäusern.

47

Weingut/Sektmanufaktur
Wein- & Sektgut
F. B. Schönleber
Bernd & Ralf Schönleber GbR
Obere Roppelsgasse 1
65375 Oestrich-Winkel
06723 3475
www.fb-schoenleber.de

Hotel/Weinstube:
Wein- & Sekthaus
F. B. Schönleber
Bernd & Ralf Schönleber GbR
Hauptstraße 1b
65375 Oestrich-Winkel
06723 91760
www.fb-schoenleber.de

RHEINGAUER SEKTLEIDENSCHAFT
Wein- und Sektgut F. B. Schönleber

Zwei große Besonderheiten begegnen dem Besucher im Wein- und Sektgut F. B. Schönleber in Oestrich-Winkel. Zum einen der Sekt, dessen Erzeugung neben dem Wein eine immer gewichtigere Rolle spielt. Zum anderen die Weinstube im Gutsausschank, die im original österreichischen Stil ausgestattet ist. Und die kleinen Besonderheiten? Zeigen sich unter anderem darin, dass das Weingut ein Familienbetrieb im wahrsten Sinn des Wortes ist. Zwei Brüder, deren Ehefrauen und die Eltern: Alle arbeiten Hand in Hand und zum Wohl der Gäste.

Auch zur *Familiensektprobe* kommen alle zusammen, unterstützt von den Mitarbeitern, wenn es gilt, die Sekte genau abzustimmen. Was weniger als geselliges Beisammensein gedacht ist, sondern höchste Konzentration und Fachkenntnisse erfordert. Und die vielen aufwendigen Arbeitsschritte krönt, die nötig sind, damit sich beste Weine in hervorragende Sekte verwandeln. »Wir verwenden ausschließlich eigene Trauben«, erzählt Bernd Schönleber, der Weinbauingenieur, der das Weingut gemeinsam mit seinem Bruder Ralf leitet, einem Weinbautechniker. »Bei uns wird der Sekt in der klassischen Methode hergestellt. So, wie in der Champagne gearbeitet wird.« Nicht nur für den Rheingau, sondern für ganz Deutschland eine außergewöhnliche Art der Herstellung, die einen hohen Aufwand erfordert. In gut 22.000 Flaschen pro Jahr wird der Sekt abgefüllt und dank der klassischen Flaschengärung zur gewünschten Qualität entwickelt. Es ist ein vergleichsweise junger Betriebszweig des Weinguts, das sich seit 1783 im Familienbesitz befindet und dank der fünf Kinder sicherlich eine gute Zukunft vor sich hat. Mitte der 1990er-Jahre kam das Hotel dazu. »Mein Vater ließ uns immer freie Hand«, sagt Bernd Schönleber. Ein Vertrauen, das sich ebenso bewährte, als Franz Schönleber einem österreichischen Schreiner die Ausstattung der Weinstube überantwortete. Mit einem Ergebnis, das sich sehen lassen kann.

Dreierlei Arten von Weinproben (ab zehn Personen) erwarten den Gast. Die *Schlenderweinprobe* führt durch die Stationen des Weinguts. Das Sektmachen erfährt man aus erster Hand während der Rheingauer Schlemmerwochen, jeweils im Mai.

48

Schloss Vollrads
Vollradser Allee
65375 Oestrich-Winkel
Events: 06723 660
Restaurant: 06723 6616
www.schlossvollrads.com

GOETHES »WUNDERLICHER« TURM
Schloss Vollrads mit Gutsrestaurant

Am 18. November 1211 wechselte eine Ladung Fässer den Besitzer: Wein aus Vollrads, der dem Mainzer St. Viktorstift übergeben wurde. Der Bau des Schlosses Vollrads lag noch in ferner Zukunft. Der Wohnsitz des Geschlechts von Greiffenclau, das sich bis ins Jahr 1097 zurückverfolgen lässt, war damals das Graue Haus in Winkel. Der wuchtige Turm, inzwischen das Wahrzeichen des Schlosses, wurde »erst« 1330 auf römischen Fundamenten errichtet.

Über 800 Jahre lag der Weinbau rund um Schloss Vollrads in der Hand einer Familie. Bis zum Jahr 1997, als nach dem Tod des letzten Erben ein Bankinstitut das gesamte Anwesen übernahm. Erwein Graf Matuschka-Greiffenclau hatte den Familienbesitz in der 27. Generation geführt. Schon aus der Ferne beeindrucken den Betrachter die Silhouetten des Schlosses und des Turms. In angemessenem Abstand stehen beide Gebäude beieinander wie zwei gleichwertige Partner: Neben dem quadratischen Turm das um 350 Jahre jüngere Herrenhaus, das 1684 einschließlich der Kelleranlagen für den Weinausbau errichtet und zu Beginn des 20. Jahrhunderts um ein Stockwerk erhöht und um zwei Türme erweitert wurde. Bis heute wird in einem der ältesten Weingüter der Welt, das im Mittelalter seine Weine bis nach Norddeutschland lieferte, der Weinbau gepflegt. Wer diese an Geschichte so reichen Gebäude näher kennenlernen möchte, kann zum Beispiel eine Schlenderweinprobe besuchen, die in sonst nicht frei zugängliche Winkel führt.

Keine Frage: Ein Kulturdenkmal wie Schloss Vollrads zu erhalten, kostet sehr viel Geld. Geld, das unter anderem von einem Förderverein aufgebracht wird, der sich um die Turmuhr, die Bibliothek und die Ausstattung des Schlosses bemüht. Mit dem Ziel, der Nachwelt das gesamte Anwesen zu erhalten, zu dem auch jener Turm gehört, den Goethe während seiner Rheinreise 1814 besuchte und als »wunderlich« beschrieb.

Die Rieslingweine kennenlernen kann man in der Vinothek im Kutscherhaus. Oder im Gutsrestaurant, dessen restaurierte Räume uns in frühere Zeiten zurückversetzen.

49

Graues Haus
Ältestes Steinhaus
Deutschlands
Graugasse 10
65375 Oestrich-Winkel

Oestricher Kran
Rheinallee 9
65375 Oestrich-Winkel
www.rheingau.de

DEUTSCHLANDS ÄLTESTES STEINHAUS
Vom Grauen Haus zum Oestricher Kran

Das älteste gemauerte Wohnhaus Deutschlands steht in Oestrich-Winkel. Das Graue Haus soll bereits Bischof Rabanus Maurus beherbergt haben, der im Jahr 850 in Winkel tätig war. Was zumindest zeitlich passen könnte. Bei Ausgrabungen stieß man auf Mauerreste aus dem 7. und 9. Jahrhundert. In der Nachbarschaft des Grauen Hauses lassen sich weitere bedeutende Baudenkmäler entdecken. Zeitzeugen einer Kulturlandschaft mit weit zurückreichender Vergangenheit.

Mit Freude nahm Johann Wolfgang von Goethe, während er in Wiesbaden zur Kur war, die Einladung in ein Winkeler Landgut an. Dort pflegte die Familie von Brentano ein offenes Haus für die Persönlichkeiten ihrer Zeit. Die Räume, in denen damals Literaten und Dichter, Künstler und Wissenschaftler zu Gast waren, blieben im Kern unverändert erhalten und vermitteln heute ein Bild des gesellschaftlichen Lebens im 18. und 19. Jahrhundert. Dem Brentanohaus gegenüber liegt die Brentanoscheune, eine ehemalige Lohgerberei, gebaut um 1751 und von Bettine von Brentano aufgrund der wenig angenehm riechenden Lederverarbeitung die »Hölle« genannt. Der Verein *KulturHölle* setzte sich für die Sanierung der Scheune ein. Mit der neuen Nutzung sieht die Brentanoscheune einer sicheren Zukunft entgegen und steht für kulturelle Veranstaltungen und Feste zur Verfügung.

Ein anderes Industriedenkmal begegnet uns am Rheinufer und wird von der Durchgangsstraße vom Ortskern getrennt. Der Oestricher Kran – mit dem Baujahr 1744 ein Zeitgenosse der Brentanoscheune und gelegentlich zu besichtigen – wurde bis 1926 zum Be- und Entladen der Schiffe benutzt. Hinter der dunklen Bretterverschalung verbirgt sich eine Technik, die bei weitem älter ist und in dieser Art schon von den Römern verwendet wurde. Zwei riesige Holzräder, von Menschenbeinen in Gang gehalten, bewegten die Lasten, die, neben Holz aus dem Taunus, vorwiegend aus Weinfässern bestanden. Den Weinfässern kommt im Ort nach wie vor eine bedeutende Funktion zu. Oestrich-Winkel nennt sich selbst die »größte Weinstadt Hessens«.

Mit dem *Brentanohaus* (www.brentanohaus.de) und der *Brentanoscheune* erinnern gleich zwei historische Gebäude an die bekannte Familie. Die *Brentanoscheune* ist heute Kulturzentrum (www.kulturhoelle.de).

50

Schloss Johannisberg
Fürst von Metternich
Winneburg'sche Domäne
Schloss Johannisberg GbR
65366 Geisenheim
06722 70090
www.schloss-johannisberg.de

VERSPÄTUNG MIT FOLGEN
Schloss Johannisberg

Ob die Terrasse, wie die Reiseführer schreiben, tatsächlich einen der schönsten Ausblicke in den Rheingau bietet? Eine Ankündigung, die neugierig macht auf einen Besuch des hoch über dem Rheintal gelegenen Schlosses, das außerdem für seine erlesenen Rieslingweine berühmt ist. Sowie berühmt dafür, dass auf dem Johannisberg die Spätlese erfunden wurde. Das Denkmal des Spätlesereiters im Wirtschaftshof des Schlosses erinnert an das folgenreiche Ereignis im Jahr 1775.

Der Herbst 1775 muss den Kellermeister des Schlosses gehörig ins Schwitzen gebracht haben. Und das nicht allein aufgrund der letzten schönen Sonnentage. Nein, die Trauben auf dem Johannisberg waren längst reif zur Lese. Doch ohne die Erlaubnis des im fernen Fulda ansässigen Schlossherrn, eines Kirchenfürsten, durfte mit der Ernte nicht begonnen werden. Wo blieb der Bote, der deswegen ausgeschickt worden war? Während die Trauben reif und reifer wurden und zu faulen begannen, waren dem Kellermeister die Hände gebunden. Man mag sich seine Verzweiflung vorstellen. War es Trotz oder Weitsicht, was ihn schließlich bewog, die verfaulten Trauben lesen zu lassen, nachdem der Bote mit wochenlanger Verspätung endlich eingetroffen war? Das Ergebnis strafte alle Befürchtungen Lügen: Der Wein schmeckte köstlich. Die Spätlese war geboren und wird seitdem nicht nur im Schloss Johannisberg planmäßig gekeltert. Der unter Druck geratene Kellermeister stand schon damals in einer langen Tradition. Seit mindestens 900 Jahren wird auf dem Johannisberg Wein angebaut. Zuerst von den Mönchen eines Benediktinerklosters, später von den wechselnden Herren der im Jahr 1716 gebauten dreiflügeligen Schlossanlage. In jüngerer Zeit unterstand das Schloss Paul Alfons Fürst von Metternich und seiner Frau Fürstin Tatiana, die sich dafür einsetzten, die im zweiten Weltkrieg zerstörten Schlossgebäude wieder aufzubauen. Zur Freude der Besucher, die sich vor der Schlossschänke einfinden, um der eingangs gestellten Frage nachzugehen. Die Antwort heißt ja.

Ungezwungen geht es zu im Weinausschank im Innenhof. Einen wunderschönen Ausblick ins Rheintal bietet die verglaste Terrasse der Schlossschänke. Außerdem werden Führungen und Weinproben im historischen Weinkeller angeboten.

51

Weingut & Gutausschank Trenz
Schulstraße 3
65366 Geisenheim
Weingut: 06722 750630
Gutsausschank:
06722 7506311
www.weingut-trenz.de

AUF ALTEN UND NEUEN WEGEN
Weingut und Gutausschank Trenz in Johannisberg

Es ist das eine, in eine seit Jahrhunderten bestehende Weinbautradition hineingeboren zu werden. Das andere, mit 18 Jahren ins kalte Wasser geworfen zu werden und mit einem Mal Winzer zu sein. Michael Trenz hat beides erfahren. Wenn überhaupt, bereut er, als Winzerlehrling nicht ins Ausland gegangen zu sein. Am Berufswunsch selbst hat es niemals Zweifel gegeben. Und der Traum, den Weinbau auf der anderen Seite des Äquators kennenzulernen, wurde inzwischen erfüllt.

Seit 1670 baut die Familie Trenz in Johannisberg Wein an. Eine Familiengeschichte, die eine hohe Verantwortung birgt. So war auch Michael Trenz bereits als Kind in Weinberg und Keller immer dabei – aus Freude, nicht aus Pflichtgefühl. »Die Begeisterung für diesen Beruf lässt sich nicht erzwingen«, sagt der Winzer, der aufgrund der Erkrankung des Vaters vor der Entscheidung stand, das Weingut viel früher als geplant zu übernehmen. »Es ging gerade so. Jünger hätte ich nicht sein dürfen.« Die Mutter unterstützte den Sohn, der seine Winzerlehre in Assmannshausen und Kiedrich absolvierte und anschließend in Bad Kreuznach Weinbautechnik studierte. Der mediterran anmutende Innenhof und die Geträume in ihrer zurückhaltenden Eleganz tragen die Handschrift von Michael Trenz' Ehefrau Bo Maria, einer studierten Architektin. »Wir wollten uns öffnen und Transparenz zeigen, ohne die Ursprünglichkeit aufzugeben«, erläutert Michael Trenz das Konzept. Ein klares Ziel, wie er es ebenso für seine Weine verfolgt, die in der Fachpresse für Aufsehen sorgen.

»Entdeckung des Jahres«, lobte der Gault Millau schon 2008 und weitere Auszeichnungen sollten folgen. Alte Rebstöcke und die Handlese tragen ihren Anteil zum Erfolg bei. Und der Traum, in die Welt zu reisen? Auch er ist geglückt: Mit eigenen Weinbergen in Südafrika. »Im Februar bei der Weinlese die Sonne genießen und auf den Tafelberg schauen, das ist wie Urlaub«, schwärmt Michael Trenz, der damit einen weiteren Meilenstein in der dreieinhalb Jahrhunderte währenden Familiengeschichte setzt.

Ein persönlicher Weinstock? Riesling oder Rotwein? Im Steinhaus oder am Winkeler Dachsberg? Eine Rebstockpacht kann diese Wünsche erfüllen. Und bei der Lese darf man hautnah dabei sein.

52

Burg Schwarzenstein Johannisberg
Rosengasse 32
65366 Geisenhe m
06722 99500
www.burg-schwarzenstein.de

Stadt- und Tourist-Information
Beinstraße 1
65366 Geisenheim
06722 701193
www.geisenheim.de

 Ein Ort in Rosenblüte
Johannisberg mit Kloster und Burg Schwarzenstein

Ob Wohnhaus oder Baudenkmal: vor beinahe jeder Fassade wächst ein Rosenstock. Der geschichtsträchtige Ort Johannisberg liegt ein Stück oberhalb des Rheins, inmitten grenzenlos wirkender Weinberge und umrahmt von den drei weithin sichtbaren Bauwerken Burg Schwarzenstein, Schloss Hansenberg und dem berühmten Schloss Johannisberg. Hintereinander reihen sich die Ortsteile Grund, Berg und Schloßheide.

Ein Anfang, der sich belegen lässt, ist die Gründung eines Benediktinerklosters auf dem Johannisberg um das Jahr 1105, das im Lauf der Jahrhunderte zur Entwicklung des Dorfes Johannisberg führte und später zur zweiten Siedlung Grund. Das Kloster wird im 16. Jahrhundert aufgegeben. 1716 erwirbt die Abtei Fulda das ehemalige Klosteranwesen und lässt auf dem Johannisberg das gleichnamige Schloss erbauen, das sich bis heute seine Weinbautradition bewahren konnte. Ein Stück unterhalb des Schlosses, oberhalb von Grund, steht das Kloster Johannisberg, ein komplexes Gebäude mit imposantem Kirchenbau und einer vergleichsweise kurzen, dennoch wendungsreichen Geschichte. Zur Mitte des 19. Jahrhunderts, als sich der Ort »Bad Johannisberg« nennen durfte, wurde das Haupthaus als Kurhaus gebaut. Lange währte diese Art der Verwendung nicht. 1920 nahmen sich Nonnen des Benediktinerordens des verlassenen Gebäudes an und nutzten es ab 1928 für einige Zeit als Kirche. Mit Beginn der 2020er-Jahre wurde das ehemalige Kloster umfassend saniert.

Zwei Restaurants von romantischer Eleganz und ein Hotel beherbergt die Burg Schwarzenstein, die keine »richtige« Burg ist, sondern von der Familie Mumm, den Begründern der gleichnamigen Sektdynastie, zum Ende des 19. Jahrhunderts als Burgruine gebaut wurde. Das Schloss Hansenberg erfüllt heute wieder weitgehend den Zweck, den sein Erbauer, der Johannisberger Pädagoge und Pestalozzi-Schüler Johannes de Laspée, bereits 1824 vorgesehen hatte: Ein Ort zum Leben und Lernen. Ursprünglich sollte Schloss Hansenberg Waisenkindern eine Heimat geben. Gegenwärtig leben hier Internatsschüler.

Lust auf eine süße Schlemmerei? Genuss auf Wiener Art verspricht das *Caffeehaus Moser* in der Rosengasse 2 mit einer reichen Auswahl an Torten und Gebäck.

58

Franziskanerkloster Marienthal
Kloster Marienthal 1
65366 Geisenheim
06722 99580
www.franziskaner-marienthal.de

AKZENT Waldhotel Rheingau
Marienthaler Straße 20
65366 Geisenheim
06722 99600
www.waldhotel-rheingau.de

Ein Ort des Innehaltens
Kloster Marienthal

Ein zurückhaltender Kirchenbau, ein Pilgerplatz im Freien und ein Garten, der sanft in den Wald übergeht: Sich vom Zauber dieses Ortes inmitten der Natur umfangen zu lassen, ist weniger eine Frage des Glaubens – zumal an den stillen Tagen. Dass es hier zuweilen überaus betriebsam zugehen kann, lassen die engen Bankreihen unter freiem Himmel ebenso ahnen wie die Lautsprecher auf der sich anschließenden Wiese. Das Kloster Marienthal zählt zu den ältesten Wallfahrtsorten Deutschlands.

Es verdankt seine Bedeutung als Wallfahrtsort einer wundersamen Heilung und einem in Holz geschnitzten Marienbild, das hier seit 700 Jahren beheimatet ist. Wie eine Überlieferung berichtet, betete im Jahr 1309 ein Mann namens Hecker Henn unter diesem Bild. Bei einem Unfall erblindet, hatte sich der Jäger in das Waldtal zu einem Baum führen lassen, in dem das Marienbild angebracht war – wie er sich gut erinnerte. Als er sich nach dem Gebet erhob, konnte er wieder sehen. Aus Dankbarkeit für die Heilung seines Jägers ließ der Junker Hans Schaffrait im Tal eine Kapelle bauen, die bald nicht mehr ausreichte für all die Menschen, die sich in ihrer Not dem Marienbild anvertrauten. Daraufhin wurde eine Kirche gebaut und 1330 geweiht. In den folgenden Jahrhunderten kamen viele Pilger nach Marienthal. 1624 wurde die Kirche durch ein Feuer beschädigt. Die Folgen des Dreißigjährigen Krieges setzten dem Gebäude weiterhin zu. Das Marienbild war inzwischen in die Geisenheimer Kirche gebracht worden. Als man im Jahr 1782 damit begann, die Marienthaler Kirche abzureißen, kam es zu einem tödlichen Unfall. Ein Maurer wurde von einem herabstürzenden Gewölbe erschlagen. Die entsetzten Handwerker verweigerten die Arbeit. Die Kirchenruine blieb stehen und diente weiterhin als Wallfahrtsort, bis sie 1846 in den Besitz des Fürsten von Metternich gelangte. 1858 wurde die wiederaufgebaute Kirche geweiht und das Marienbild nahm seinen angestammten Platz wieder ein. Nach vielen wechselnden Herren leben heute Brüder des Franziskanerordens im Kloster Marienthal.

Das Kloster ist ein guter Ausgangspunkt für Wanderungen. Der Kirche gegenüber befindet sich das *Waldhotel Rheingau*, ein ehemaliges Pilgerhotel, das heute Wellness und Wein bietet.

54

WAAS.sche-Fabrik
Kultur- und Lichtfabrik
Winkeler Straße 100
65366 Geisenheim
06722 7178
www.waas.sche-fabrik.de

Geisenheim

KULTUR UNTER DER LICHTKUPPEL
Kulturzentrum WAAS.sche-Fabrik

»Das hatte Andrea doch schon immer im Kopf!«, meinten die Nachbarn einhellig, als die *WAAS.sche Fabrik* im Jahr 2012 als *Kultur- und Lichtfabrik* in neuem Glanz erstrahlte. Doch von der Idee bis zur Verwirklichung vergingen gut 20 Jahre. Andrea Nusser, heute Besitzerin der Kultur-Fabrik, hatte damals im Vorderhaus Wohnung und Büro bezogen und tagtäglich mitansehen müssen, wie Wasserschäden, ungebetene Gäste und randalierende Jugendliche dem Fabrikgebäude im Hinterhof zusetzten. 100 Jahre Nutzung lagen hinter der 1864 errichteten Produktionsstätte. Obst- und Weinpressen hatte man hier gefertigt, später auch transportable Brotbacköfen. 1964 wurde die Fabrikation eingestellt. Die Nebengebäude wichen neuer Wohnbebauung. Das Hauptgebäude blieb leer und verfiel zusehends. Der Abriss schien unausweichlich.

Gemeinsam mit einer Gruppe kreativer Rheingauer gelang es Andrea Nusser, den Hausbesitzer umzustimmen. Für einige Jahre diente die Fabrik als Designzentrum. 2010 drang wieder einmal Wasser durchs Dach – und Andrea Nusser kaufte die Fabrik. Nach einer kurzen Übergangsphase mit Vermietungen an allerlei Gewerbe setzte Andrea Nusser ihren lang gehegten Traum in die Tat um. Ein Vorhaben, das längst nicht abgeschlossen ist. »Ohne die Hilfe und Unterstützung meiner Mitarbeiter, Freunde und Mieter wäre das nicht zu schaffen«, erzählt die begeisterte Netzwerkerin, die sich besonders freut, wenn »die Fabrik bebt!« Von Konzerten, Schreibkursen und Lesungen bis hin zu Yoga, Qigong und Autogenem Training reicht das Angebot, zu dem auch Tagungen und Business-Events zählen. Andrea Nusser möchte außerdem Künstlern aller Sparten einen Ort für Ausstellungen bieten.

Ein wenig versteckt sich das Kulturdenkmal hinter den Wohngebäuden, ist aber unverkennbar dank seines charakteristischen Glasdachs. Der sich darauf erhebende Namenszug »VAL. WAAS« erinnert an den Gründer Valentin Waas.

Dass die Glaskuppel allabendlich farbig beleuchtet wird, zeugt von Andrea Nussers weiterer Leidenschaft: der Gestaltung von Räumen mit Licht.

55

Rathaus im historischen Kern Geisenheim
Rüdesheimer Straße 48
65366 Geisenheim

Geisenheimer Lindenfest
Der Magistrat der Stadt Geisenheim
Rüdesheimer Straße 48
65366 Geisenheim
06722 7010
www.lindenfest-geisenheim.de

LINDENSTADT MIT SINN FÜR WEIN
Historischer Kern

In Geisenheim dreht sich alles um den edlen Riesling und seine Geschwister. Nicht allein in den über 30 Weingütern, den zahlreichen Restaurants und Straußwirtschaften: In der renommierten Forschungsanstalt Geisenheim wird seit 1872 über das Thema Weinbau geforscht. Den Mittelpunkt des Städtchens bildet der über 600 Jahre alte Lindenbaum auf dem Geisenheimer Marktplatz.

Auch der prachtvolle Rheingauer Dom zieht von Weitem die Blicke auf sich. Die spätgotische Hallenkirche wurde zu Beginn des 16. Jahrhunderts auf den Grundmauern einer romanischen Kirche errichtet. Im frühen Mittelalter war die Stadt zu einigem Reichtum gekommen. Heute erinnert ein Fachwerkhaus in der Zollstraße an den »Pfefferzoll«, den jedes vorbeischippernde Schiff mit einem Säckchen des kostbaren Gewürzes zu entrichten hatte. Mit der Altstadtsanierung, die 1975 in Angriff genommen wurde, meisterte Geisenheim in seiner jüngsten Geschichte einen Kraftakt. Mit Gespür sollten die Sanierungsmaßnahmen ablaufen, ohne wesentlich in den Stadtgrundriss einzugreifen. Zu den Projekten gehörte die Görisch-Scheune, heute der Kulturtreffpunkt *Die Scheune.* Wer auf eine ausgesprochen exklusive Weise feiern möchte, dem bietet sich das Schloss Schönborn an. Sein Standort mitten in den Weinbergen ist charakteristisch für die herrschaftlichen Häuser des Rheingaus. Wer kann und möchte, mietet das Renaissance-Schlösschen für ein Familienfest oder eine Tagung – und bucht dazu vielleicht eine individuelle Sightseeingtour durch den Rheingau. Unterwegs wird man die Forschungsanstalt für Garten- und Weinbau passieren, die 1872 vom Freiherrn Eduard von Lade gegründet wurde. Der gebürtige Geisenheimer, der durch Erbschaft und Geschäftssinn zu einem beträchtlichen Vermögen gekommen war, baute sich als Ruhesitz nahe am Rheinufer die Villa Monrepos, ein klassizistisches Herrschaftshaus, umgeben von einer weitläufigen Parkanlage.

Vier Tage im Juli wird das Lindenfest mit einem Programm rund um Wein und Musik sowie mit einem Jahrmarkt gefeiert. Währenddessen verkehrt der Winzerexpress in allen Stadtteilen.

56

**Klosterweingut
Abtei St. Hildegard**
Klosterweg 1
65385 Rüdesheim
am Rhein
06722 499130
www.abtei-st-hildegard.de

WEINBAU AUF HILDEGARDS SPUREN
Klosterweingut der Abtei St. Hildegard

Als stehe sie seit Jahrhunderten auf ihrem angestammten Platz, hoch oben über dem Rüdesheimer Stadtteil Eibingen: So verwachsen scheint die Abtei St. Hildegard mit den Weinbergen ringsherum. Mit Verwunderung erfahren wir, dass die romanisch anmutenden Gebäude erst zu Beginn des 20. Jahrhunderts errichtet wurden. Uralt ist dagegen der Ursprung des Klosters, der sich 900 Jahre zurückverfolgen lässt. Und zu einer der bedeutendsten Frauen des Mittelalters führt: Hildegard von Bingen, die im Jahr 1098 in Rheinhessen geboren wurde. Erfüllt von tiefem Glauben, folgte sie den Regeln des heiligen Benedikt. Sie schrieb theologische Abhandlungen und hatte zugleich Augen für die Welt um sich herum. Hildegard betrieb naturwissenschaftliche Studien und korrespondierte mit den wichtigen Persönlichkeiten ihrer Zeit. Vor allem aber war sie Äbtissin. Ihre Heimat war das Kloster Rupertsberg in Bingerbrück. Viele junge Frauen folgten ihrem Ruf, man wollte den Orden erweitern. So übernahm Hildegard das verwaiste Augustinerkloster Eibingen im Rheingau und setzte bis zu ihrem Tod im Jahr 1179 wöchentlich mehrmals über den Rhein, um ihren dortigen Aufgaben nachzugehen. Das Kloster Rupertsberg fiel dem Dreißigjährigen Krieg zum Opfer. Das Ende des Klosters Eibingen kam mit der Säkularisierung 1803. Dennoch blieb es unvergessen – und wurde 1900 oberhalb des Ortes erneut gegründet. Heute leben hier 50 Ordensschwestern.

Wie zu Hildegards Zeit gehört die Bewirtschaftung der eigenen Weinberge auch heute zu den Aufgaben des Klosters, mit Unterstützung eines Winzermeisters. Besonderen Wert legt »Winzerschwester« Thekla auf den umweltschonenden Anbau von überwiegend Riesling und einem geringeren Anteil Spätburgunder. Bei der Lese, die zu 100 Prozent von Hand erfolgt, können die Schwestern auf die Hilfe zahlreicher Gäste und freiwilliger Helfer zählen. Hildegard von Bingen dürfte zufrieden sein.

Der Klosterwein kann im Klosterladen oder über den Online-Shop gekauft werden. Die Abteikirche und ein Inforaum stehen für Besucher offen. Das Kloster selbst ist nicht zu besichtigen. Auf Anfrage ist ein Gastaufenthalt möglich.

57

Eibinger Zehnthof
Familie Ketzer
Eibinger Oberstraße 15
65385 Rüdesheim
am Rhein
06722 2755
www.eibinger-zehnthof.de

TRAUBENMAISCHE ALS »ZEHNTER«
Weingut und Gutsausschank Eibinger Zehnthof

Ein 500 Jahre altes Haus wüsste eine Menge zu erzählen. Seine Geschichte als Gasthaus ist vergleichsweise kurz und beginnt 1979 mit einem »wirtschaftlichen« Notstand: Als der letzte Wirt schließt und die Eibingener Bürger keine Wirtschaft mehr haben. Was also tun? Die Einheimischen finden eine Lösung: Gibt es doch ein Weingut und einen Winzer, dessen Schwiegertochter sich als Hauswirtschaftsmeisterin auf eine gute Küche versteht. Die Straußwirtschaft im Eibinger Zehnthof hat sich längst zum Gutsrestaurant gemausert.

Gebaut im Jahr 1506 im historischen Ortskern, hat der Eibinger Zehnthof seit seinem Bestehen schon vielen Herren gedient. »Wissenschaftler haben das Baujahr nachgewiesen«, weiß Patrick Ketzer, der heutige Hausherr, zu berichten. Mitarbeiter der Denkmalbehörde konnten das Alter des verwendeten Holzes durch dendrochronologische Untersuchungen bestimmen. Wein wurde im Zehnthof von Anfang an gekeltert, denn der »Zehnte«, die Steuer an den Grundherren, kam oftmals in Gestalt von Traubenmaische. Später war das Gebäude für lange Zeit das Rathaus der Gemeinde Eibingen, der einzige Steinbau inmitten von Fachwerkhäusern.

Dass der Zehnthof zum Weingut wurde, ist Patrick Ketzers Großvater zu verdanken, der von einem Lorcher Weingut stammte und sich, da es mehrere Geschwister gab, eine eigene Existenz aufbauen wollte. Mit dem Kauf des Zehnthofs bewies er Mut und Weitblick. Und eine große Liebe zu einem Baudenkmal, das aufgrund der Bauschäden unbewohnbar war. Zum Glück hatte die Fassade mit ihrem Treppengiebel und den beiden eigenwilligen achteckigen Türmchen dem Verfall trotzen können. Im Lauf der Jahrzehnte wurde das Anwesen nach und nach ausgebaut. Die Familie kaufte Weinberge dazu und erweiterte die Straußwirtschaft zum Gutsausschank. Klar, dass in einem Haus mit solcher Vergangenheit ein rustikaler Gewölbekeller für Weinproben nicht fehlen darf.

Spätburgunder, Riesling, Roter Riesling, Sauvignon Blanc und Weißburgunder werden auf nachhaltig bewirtschafteten Weinbergen angebaut. Das Eibinger Stöffchen stammt aus Rüdesheimer Äpfeln!

58

Weinhaus Drosselhof in der Drosselgasse
Drosselgasse 5
65385 Rüdesheim
am Rhein
06722 1051
www.drosselhof.com

**Stadtführungen
Tourist-Information**
Rheinstraße 29a
D-65385 Rüdesheim
am Rhein
06722 906150
www.ruedesheim.de

ZWISCHEN ADELSHÖFEN UND DROSSELGASSE
Drosselgasse und Museen

Für die einen »viel zu touristisch«. Für andere eine der herausragenden Etappen auf der Tour durch Europa. Wie auch immer: An Rüdesheim kommt nicht vorbei, wer den Rheingau gesehen haben will. Abseits des Trubels in der berühmten Drosselgasse lassen sich ruhigere Winkel entdecken. Und zwischen all den Souvenirläden und Weinstuben bezeugen historische Gebäude die mittelalterliche Blütezeit, als der Zoll die Stadtkasse füllte.

Die weltberühmte Stadt am Rhein, das »Tor zum Mittelrheintal«, erweist sich als Eintrittspforte in »eine Kulturlandschaft von großer Vielfalt und Schönheit«, wie das Welterbekomitee der UNESCO das Obere Mittelrheintal würdigte. Eine Landschaft, die über einen außergewöhnlichen Reichtum an kulturellen Zeugnissen verfügt. »Seit zwei Jahrtausenden stellt das Mittelrheintal einen der wichtigsten Verkehrswege für den kulturellen Austausch zwischen der Mittelmeerregion und dem Norden Europas dar«, urteilte die UNESCO.

Wie sich die neuzeitlichen Verkehrswege als Segen und Fluch zugleich erweisen, spürt unmittelbar, wer entlang der touristisch ausgerichteten Restaurants und Andenkenläden über die Rheinstraße spaziert und Autoschlangen und Bahnschienen kreuzen muss, um zum Schiffsanleger zu gelangen. Von dort starten die Ausflugstouren zur Loreley und weiteren Zielen. Ein Stück flussaufwärts legt die Autofähre nach Bingen ab. Wer die Drosselgasse durchquert hat, entdeckt allerlei Sehenswertes wie zum Beispiel das Mittelalterliche Foltermuseum, das über die damalige Rechtsgeschichte und die Hexenverfolgung Auskunft gibt. Unbeschwert geht es im Spielzeug- und Eisenbahnmuseum zu, in dem uns der romantische Rhein der 1930er- und 1950er-Jahre im Modell begegnet. Lohnenswert ist ein Besuch in *Siegfried's mechanischem Musikkabinett* im Brömserhof. Nicht zu vergessen das Weinmuseum in der Brömserburg. Beinahe ein Muss in einer Stadt, in der seit 1.000 Jahren der Weinbau zu Hause ist.

Themen- und Stadtrundgänge, die bis zum Niederwalddenkmal oder auf die andere Rheinseite nach Bingen führen, zeigen die schönsten Ecken der Stadt.

59

Siegfrieds Mechanisches Musikkabinett Brömserhof
(März–Dezember)
Oberstraße 29
65385 Rüdesheim am Rhein
06722 49217
www.smmk.de

Jonas und das »achte Weltwunder«
Siegfrieds Mechanisches Musikkabinett im Brömserhof

Der Besuch in *Siegfrieds Mechanischem Musikkabinett* im Rüdesheimer Brömserhof ist nichts für eilige Leute. Das private Museum kann ausschließlich im Rahmen einer Führung besichtigt werden. Aus gutem Grund: Während des dreiviertelstündigen Rundgangs kommen mechanische Instrumente aus drei Jahrhunderten zum Einsatz. Angefangen hat einmal alles in Hochheim am Main.

Dort eröffnete Siegfried Wendel im Oktober 1969 das *Erste Deutsche Museum für mechanische Musikinstrumente.* Die eigentliche Geschichte beginnt tatsächlich noch früher: Mitte der 1960er-Jahre, als Siegfried und Gretel Wendel auf der Hochzeitsreise durch Amerika auf eine Ausstellung mechanischer Instrumente stießen. Siegfried Wendel war umgehend fasziniert und wünschte sich, etwas Vergleichbares in Deutschland zeigen zu können. 1973 zog Siegfried Wendel mit seinen Instrumenten nach Rüdesheim um. Mit dem Bekanntheitsgrad stiegen die Besucherzahlen, bis es schließlich auch hier zu eng zuging. 1975 wurde der prachtvolle Brömserhof, seit 1998 im Besitz der Familie Wendel, zum endgültigen Sitz des Musikkabinetts.

Die Brömser, das Adelsgeschlecht »derer von Rüdesheim«, hatten ihren Sitz ursprünglich in der nahe gelegenen Brömserburg, die ihnen im Lauf der Jahrhunderte vermutlich zu unbequem wurde. Die ältesten Teile des Brömserhofs stammen aus dem Jahr 1310. Der attraktive Fachwerkturm war zeitweise ein Bestandteil der Stadtmauer. Aus dem 16. Jahrhundert stammen die kostbaren Decken- und Wandgemälde, die während der folgenden Jahrhunderte lieblos übertüncht worden waren und sich als eine bedeutsame Aufgabe für die Restauratoren erwiesen. Eines der biblischen Motive stellt Jonas mit dem Wal dar – vom damaligen Künstler kurzerhand an den Rhein verlegt. Damit bildet der Brömserhof einen ehrwürdigen Rahmen für die wertvollen mechanischen Instrumente, die jährlich von 100.000 Besuchern bestaunt werden. Ein Museumsbesuch, der sich doppelt lohnt.

Wer eine klingende Erinnerung mit nach Hause nehmen möchte, stößt im Museumsladen auf ein buntes Sortiment. Darunter die Singvogeldosen, die fröhlich zwitschernden Piepmätzen eine Bühne geben.

60

**Rheinschifffahrten
Anleger Rüdesheim**
Köln-Düsseldorfer
Deutsche Rheinschiffahrt
Rheinstraße
65385 Rüdesheim
am Rhein
www.k-d.com

Anleger Winkel
Charterliner GmbH
Hauptstraße 138
65375 Oestrich-Winkel
06723 4437
www.charterliner.de

BURGEN UND HÖHEN IM FREIEN BLICK
Rheinschifffahrten

Im März 2010 sorgte eine Pressemeldung für Aufsehen: Der Rhein, so hieß es, habe nicht, wie in jedem Lexikon nachzulesen, eine Länge von 1.320 Kilometern, sondern sei tatsächlich »nur« 1.230 Kilometer lang. Ein Irrtum, den dessen Entdecker Bruno Kremer, der beim eigenen Nachrechnen auf 1.233 Kilometer kam, auf einen vertrackten Zahlendreher zurückführte. Bei Recherchen für ein ökologisches Thema war dem Biologen aufgefallen, dass vor den 1960er-Jahren immer der kürzere Wert angegeben worden war.

Keine Zweifel bestehen daran, dass der Rhein die meistbefahrene Wasserstraße Europas ist. Frachtkähne teilen sich den Strom mit Motorbooten und Ausflugsschiffen. Mit den ersten Passagierschiffen der Köln-Düsseldorfer Rheinschifffahrt, die seit Anfang des 19. Jahrhunderts im Linienverkehr eingesetzt wurden, wuchs mit der Begeisterung für die Rheinromantik auch der Fahrgastschiffverkehr. Denn wie ließe sich die Vielfalt der Landschaft geruhsamer beobachten als vom Sonnendeck aus? Auenwälder und Weinberge, Burgen und Ortschaften gleiten vorüber, während das Schiff durch die Wellen voranschaukelt.

Um die Schifffahrt voranzutreiben, musste über die Jahrhunderte immer wieder an einer natürlichen Felsbarriere gekratzt werden, die das Befahren des Stroms stark behinderte. Das Binger Riff verlief quer zum Flusslauf und machte die Fahrrinne bis ins Mittelalter für schwer beladene Kähne nur unter hohem Risiko befahrbar und oft unpassierbar. Dazu kamen reißende Strudel und Felsen am Fuß der Loreley. Im 17. Jahrhundert gelang es, in das Quarzitriff eine vier Meter breite Passage hineinzutreiben. Von 1830 bis 1842 wurde mit Hilfe von Sprengungen das Binger Riff auf diese Weise zum Binger Loch. Ein Ausbau, der über die Jahrhunderte bis in unsere Zeit weiter vorangetrieben wird und den Rheinschiffen endlich eine unbehelligte Fahrt gewährt. Heute ist das Angebot an Rund- und Ausflugsfahrten vielseitig, und kein Schiffsreisender muss das Binger Riff und dessen Strudel mehr fürchten.

Wenn der Rhein bei Rüdesheim »in Flammen steht«, leuchten die Burgen im Nachthimmel auf. Ein Spektakel, das sich am schönsten von Bord eines illuminierten Schiffes beobachten lässt (www.rhein-in-flammen.com).

61

Niederwalddenkmal
Am Niederwald 1
65385 Rüdesheim
am Rhein
www.ruedesheim.de

Das Rebenhaus
Am Niederwald 2
65385 Rüdesheim
am Rhein
06722 4967 060
www.das-rebenhaus.de

RÜCKSCHAU MIT FERNBLICK
Niederwalddenkmal

Erhaben blickt sie von einem mächtigen Sandsteinsockel über das weit gespannte Rheintal: die Germania, eine 12,5 Meter hohe Statue, die ihr Schwert friedlich gesenkt hält und eine Krone in die Höhe reckt. Die herrschaftliche Dame steht für nicht weniger als die Gründung des Deutschen Reiches, für das mit dem Ende des Deutsch-Französischen Krieges (1870/1871) der Weg geebnet wurde. Dass sich die Germania ausgerechnet hoch über dem Rhein niederlassen durfte, ist kein Zufall. Welcher andere deutsche Fluss hätte damals eine größere kulturelle Bedeutung aufweisen können?

1877 wurde der Grundstein des prunkvollen Denkmals gelegt. Bis heute schenkt es uns einen Eindruck von einer bedeutenden Ära der deutschen Geschichte, auch wenn uns die Symbolkraft der Germania-Statue und ihrer Begleiter fremd, wenn nicht gar pathetisch erscheinen mag. Mehr Aufschluss über die bronzene Dame gewährt das 2016 eröffnete und zeitgemäß gestaltete Besucherzentrum, das zudem Wissenswertes über den angrenzenden Osteinschen Park und das *UNESCO-Welterbe Oberes Mittelrheintal* vermittelt. Ein großzügiges Café ist in das Besucherzentrum integriert.

Nur wenige Schritte von der Außenterrasse entfernt erhebt sich der *Monopteros*, ein Nachbau des 1790 erbauten und im Zweiten Weltkrieg zerstörten Tempels. In nahen Wald liegt die Adlerwarte, die sich der Zucht, Pflege und Auswilderung von Eulen und Greifvögeln verschrieben hat.

Für Anreisende mit Pkw steht ein großer Parkplatz zur Verfügung. Stilvoll lässt sich der Niederwald mit der Seilbahn erreichen. Knapp zwei Kilometer lang ist die luftige Tour, die in Rüdesheim startet. Wanderer führt der Rheinsteig unmittelbar an den Stufen des Denkmals entlang. Es gibt viel zu erkunden, doch auch für Eilige lohnt sich eine Stippvisite allemal: Allein die grandiose Aussicht ist einen Besuch wert!

Zu einer idyllischen Einkehr führt ein Fußweg gleich hinter dem *Monopteros* ein Stück bergab. *Das Rebenhaus*, ein Restaurant mit uriger Terrasse, liegt inmitten der Weinberge.

62

Osteinscher Niederwald
Startpunkt: Parkplatz
Jagdschloss Niederwald
Niederwald 1
Navigation: Tempelweg 1
65385 Rüdesheim
am Rhein
Restaurant: 06722 71060
www.schloesser-hessen.de
www.niederwald.de

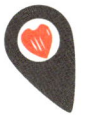
DES GRAFEN ROMANTISCHES KLEINOD
Osteinscher Niederwald

Es mag eine muntere Schar und überwiegend von Adel gewesen sein, die sich, angeführt vom Grafen Karl Maximilian Ostein, von dessen Jagdschloss aufmachte, um nach kurzem Fußmarsch durch dichten Bewuchs vor einer geheimnisvollen Tür innezuhalten. Ob sich auch die Damen der Gesellschaft in den stockfinsteren Gang hineinwagten, der schließlich in eine Rotunde mündete? Dort angekommen, ließ der Graf nach und nach die Fenster öffnen, deren Panorama weit über das Rheintal bis hin zu den Burgen Rheinstein und Rheinberg reichte. Er wird sein Vergnügen mit den staunenden Gästen gehabt haben. Es war das Jahr 1774, als der naturverbundene Adlige mit seinem Landschaftspark einen Grundstein für die Rheinromantik legte. Dass sich Maximilian dabei auf wenige Bauwerke beschränkte und Wald und Gelände weitgehend unberührt ließ, macht bis heute eine Besonderheit des Parks aus.

Auch wenn sich die »Zauberhöhle« nicht mehr versteckt: Die 60 blind vorangetasteten Meter lassen auch den modernen Wanderer nicht unbeeindruckt. Ebenfalls begeistern heute wie früher die grandiosen Ausblicke vom Rittersaal, von dem nur die Grundmauern geblieben sind, oder von der Burgruine, die durch den Grafen in malerischer Unvollkommenheit errichtet wurde. Seit 1787 steht die Rossel auf einer Felskuppe über dem Rheintal.

An die Vergänglichkeit des Lebens sollte die Eremitage mahnen. Ob hier tatsächlich ein Einsiedler gehaust hat? Mauerreste lassen erkennen, wo sich die Klause befunden hat. Ein guter Grund für die Verantwortlichen – die Verwaltung der Staatlichen Schlösser und Gärten Hessen – den 350 Hektar umfassenden Landschaftspark im Niederwald aus seinem Dornröschenschlaf zu wecken. Schon zu Zeiten des Grafen lockte der Park die ersten Touristen nach Rüdesheim. Heute liegt ein halbstündiger Spazierweg zwischen der »Zauberhöhle« und der Germania.

Tipp: mit dem Sessellift von Assmannshausen hinauf zum Hotel-Restaurant Jagdschloss Niederwald. Dort und beim Niederwalddenkmal gibt es auch Parkplätze (gebührenpflichtig).

63

Ausblick vom
Höllenberg
via: Höllenbergstraße
65385 Rüdesheim
am Rhein

Hotel Krone
Rheinuferstraße 10
65385 Rüdesheim
am Rhein
06722 4030
www.hotel-krone.com

Rüdesheim am Rhein

HÖLLISCH STEILE ROTWEINLAGEN
Höllenberg in Assmannshausen

Eine Burg, die hoch oben über der Stadt wacht, gehört im Rheingau beinahe zum guten Ton. Auch wenn die Burg, wie in diesem Fall die Burg Ehrenfels über Assmannshausen, im Verlauf der Jahrhunderte viel von der einstigen Macht und Pracht einbüßen musste. Nirgendwo sonst gedeiht so viel Blauer Spätburgunder auf einer zusammenliegenden Fläche: auf 75 Hektar sonnenverwöhnten Steillagen. Assmannshausen ist der Rotweinort im Rheingau. Nein, in ganz Deutschland.

»Assmannshausen, wo auf dem Hellenberge ein trefflich roter Wein wächst«, lobten Weinkenner bereits um 1507, wie ein *Handbuch für Reisende am Rhein* aus dem Jahr 1812 verlauten lässt. Dass der Blaue Spätburgunder über Assmannshausen so »trefflich« gedeiht, kommt nicht von ungefähr: Hinterkirch, Frankenthal und der berühmte Höllenberg zählen zu den steilsten Lagen im Rheingau. Der Zusatz »Hölle«, der in der Region öfter vorkommt, weist übrigens weniger auf einen ausgesprochen feurigen Wein hin. Die »Hölle« ist ein extrem steiler Hang, der in Assmannshausen auf Schiefer gegründet ist. Ein für diese Rebsorte ungewöhnlicher Boden, der jedoch auffällig leichte und elegante Rotweine hervorbringt. Vorausgesetzt, man lässt den Weinen genügend Zeit zur Reife.

Unterhalb der Weinberge schmiegt sich Assmannshausen an die Steilhänge. Von dem knapp bemessenen Raum, der dem Ort zwischen Bergen und Rheinufer bleibt, muss er einen Teil an Bahnlinie und Umgehungsstraße abgeben. Zu den bemerkenswerten Gebäuden gehört das Hotel Krone. Ursprünglich eine Treidelstation, in der die Pferde gewechselt wurden, entstand aus bescheidenen Anfängen 1808 das Wirtshaus Krone. Der politische Dichter Ferdinand Freiligrath war im 19. Jahrhundert hier zu Gast. Ihm folgten andere Schriftsteller und Künstler. Robert und Clara Schumann, Hoffmann von Fallersleben und sogar der Hochadel gastierten in der Krone. Selbst Kaiser Wilhelm I. und Elisabeth von Österreich, die »Sissi«, ließen sich dank der Rheinromantik nach Assmannshausen locken.

Die Ruine Ehrenfels liegt am Rieslingpfad zwischen Assmannshausen und Rüdesheim. Sie ist in der Regel nicht zu besichtigen, bietet aber einen herrlichen Ausblick auf Bingen, Mäuseturm und Binger Loch.

64

Rotweinlaube Assmannshausen

Assmannshäuser Höllenberg
via: Rheinsteig/ Historienweg
65385 Rüdesheim am Rhein

PICKNICKEN WIE EIN FILMSTAR
Rotweinlaube in Assmannshausen

Einem Kinofilm der Regisseurin Margarethe von Trotta verdankt Assmannshausen eine willkommene Requisite. Ein Pavillon, der im Film *Ich bin die Andere* als Kulisse diente, blieb der Gemeinde nach dem Ende der Dreharbeiten erhalten. Der allerschönste Platz in den steilsten Weinbergen war schnell ausgewählt. Als schwierig erwies es sich, den Pavillon zu versetzen und mit einem stabilen Fundament zu versehen. Was dank des tatkräftigen Einsatzes vieler ehrenamtlicher Helfer dennoch gelang. Zur Freude der Wanderer.

Denn nur zu Fuß geht es hinauf zum Pavillon. Der halbstündige Spaziergang bietet bezaubernde Ausblicke. Ausgangspunkt ist Assmannshausen, das Tor zum Weltkulturerbe Oberes Mittelrheintal. Der Wanderer folgt in der Höllenbergstraße dem Zeichen des Rheinsteigs (»R« auf blauem oder gelbem Grund) in Richtung Lorch. Im Ort heißt es kurz aufpassen, um nicht die Abzweigung zu einer schmalen Treppe zu verfehlen, die in einen steinigen Pfad mündet. Diesem folgt ein bequemer Wirtschaftsweg, der den Blick auf die sich zwischen Rhein und Berghänge drängenden Häuser öffnet. Serpentinen später blinkt ein rundes Kupferdach im Sonnenlicht. Gegenüber des Pavillons liegt – wie eine filmreife Kulisse – das hier bereits deutlich schmalere Rheintal.

Mit schier unendlichen Weinbergen oberhalb des hiesigen Ufers und einem dicht bewaldeten Steilhang auf der gegenüberliegenden Seite, in dem auf hohem Felsen die Burg Rheinstein aufragt. Im 13. Jahrhundert gegründet, verfielen die Gemäuer im 17. Jahrhundert. Inspiriert von der aufblühenden Rheinromantik, nahm sich kein Geringerer als Prinz Friedrich Wilhelm von Preußen im 19. Jahrhundert der Ruine an. Im April 2007 wurde der Pavillon, der von einem kunstvoll geschmiedeten Geländer umrahmt wird, feierlich eingeweiht und auf den klangvollen Namen Rotweinlaube getauft: Das Ergebnis eines Wettbewerbs unter den Assmannshauser Bürgern. Und wunderbar passend, erheben sich doch über dem Winzerort die berühmten Rotweinlagen Höllenberg, Frankenthal und Hinterkirch.

Der Historienweg führt mit 16 Stationen und Infotafeln über 15 Kilometer über Assmannshausen und Aulhausen zurück nach Rüdesheim Start: Parkplatz *An der Ringmauer* in Rüdesheim.

65

Weingut
Friedrich Altenkirch
Binger Weg 2
65391 Lorch
06726 830012
www.weingut-altenkirch.de

VON HAND GELESEN
Weingut Altenkirch

»So hart habe ich in meinem ganzen Leben nicht gearbeitet!«, bekannte ein Frankfurter Geschäftsmann, der in einer Steillage dem Unkraut mit der Hacke zu Leibe rückte. Und was treibt einen Städter zu solch ungewohnten Anstrengungen in den Weinberg? Zum einen die Begeisterung für Wein. Zum anderen die Freude, mit Gleichgesinnten mehr über das Weinmachen zu erfahren. An die 20 Interessierte treffen sich übers Jahr zu fünf Terminen im Lorcher Weingut Altenkirch. Gelernt wird in Theorie und Praxis. Ganz klar, dass gutes Essen und Verkosten dazugehören. Die vielen Fragen der »Rebstockpaten« brachten Lutz Loosen, Winzer im Weingut Altenkirch, und den Betriebsleiter Jasper Bruysten auf die Idee mit der Weinbauschule. Die Kurse leiten beide gemeinsam. »Es machen die unterschiedlichsten Leute mit«, erzählt Jasper Bruysten. »Vom Büroangestellten bis zum Hobbywinzer. Gemeinsam ist allen die Liebe zum Wein. Und die meisten sind überrascht, wie viele Arbeitsgänge hinter jedem Liter Wein stecken.«

Vor allem, wenn wie im Weingut Altenkirch überwiegend Lagen zwischen 30 und 60 Prozent Steigung zu bewirtschaften sind. Eng und atemberaubend steil schieben sich die Hänge bei Lorch an den Rhein heran. Hier muss der Wein von Hand gelesen werden, und zwar ausschließlich. Auf dem mineralischen Untergrund wachsen zu 80 Prozent Riesling, dazu 15 Prozent Spätburgunder sowie einige wenige weitere Rebsorten. Gegründet wurde das Weingut im Jahr 1826, um das angesehene Hotel Zum Schwan zu versorgen.

Der Frankfurter Geschäftsmann gönnte sich übrigens als Lohn der Mühen eine Kiste des am Arbeitseinsatz herangereiften Rieslings. Und was motiviert Jasper Bruysten, sein Wissen über den Weinbau jedes Jahr auf Neue weiterzugeben? »Die Freude an meinem Beruf. Es ist immer wieder faszinierend, mit dem Naturprodukt Wein zu arbeiten. Wein und Emotionen gehören untrennbar zusammen.«

Riesling, Spätburgunder, Schlossberg und *Rheinblick* nennen sich die Ferienwohnungen des Weinguts, die sich ideal als Domizile für Ausflüge ins Mittelrheintal, den Rheingau und Rhein-Taunus anbieten.

66

Rößler Winzerwirtschaft
Weingut und Gästehaus
Jacqueline und Michael Rößler
Rheinstraße 20
65391 Lorch am Rhein
06726 1658
www.weingut-roessler.de

IM »WELTERBE-GÄRTCHEN«
Rößler Winzerwirtschaft

Kann man im Rheingau anders als glücklich sein? Das möchte gern glauben, wer Jacqueline und Michael Rößler in ihrer Lorcher Winzerwirtschaft begegnet. Dabei verhehlt das Winzerpaar nicht, dass es alles andere als leicht war, den im Nebenerwerb geführten Familienbetrieb über die Jahre zur Lebensgrundlage auszubauen. »Wir haben uns Ecke für Ecke erobert«, erzählt Jacqueline Rößler, die sich kein anderes Leben vorstellen möchte. »Immer wieder ermutigt von unseren Gästen.«

Die Geschichte beginnt Ende der 1980er-Jahre: Während seines Urlaubs in Spanien trifft der Winzersohn Michael auf Jacqueline aus den Niederlanden, die sich dort zum Sprachstudium aufhält. Wein und Käse, so dachten die beiden, das passt zusammen. Jacqueline, deren Eltern ein Tabakgeschäft führten, hatte immer den Wunsch, etwas Eigenes auf die Beine zu stellen. Und das umso lieber in einer Landschaft, die sie bis heute begeistert. Unter dem 500 Jahre alten Gewölbe wurde die Gaststube eingerichtet, mit liebevoll zusammengestelltem Mobiliar. Das kleine Grundstück gegenüber ließ sich zum begrünten Gastgarten umgestalten. Die engen Auflagen der Straußwirtschaft – kurze Öffnungszeiten und eine eingeschränkte Speisekarte – führten zum nächsten Schritt, der Winzerwirtschaft, die beinahe ganzjährig geöffnet ist. Zu den eigenen Weinen werden regionale Gerichte angeboten, verfeinert durch kleine Besonderheiten. Und die Brandruine in der Nachbarschaft? Zeigt sich nun als modernes Gästehaus, aus dem man morgens beim Zähneputzen den unverbauten Blick auf den Rhein genießen darf. Neben dem Wein und seinen Gästen liegt Michael Rößler die Natur besonders am Herzen. Und das nicht nur, wenn er das eigene Weingut nach ökologischen Grundsätzen bewirtschaftet. Interessierte Besucherinnen und Besucher begleitet er gern auf Wanderungen, bei denen es weniger auf das Tempo als auf das Genießen der schönen Ausblicke ankommt. Schlusspunkt bildet eine Weinprobe im Grünen. Wer der Verkostung ungezwungen zusprechen möchte, quartiert sich vielleicht im Gästehaus ein. Ein Frühstück rundet den Ausflug genussvoll ab.

Das Gästehaus Rößler ist ein idealer Ausgangspunkt für Rheinsteigwanderungen (www.rheinsteig.de) und zudem zertifizierter Gastgeber *Wanderbares Deutschland* (www.wanderbares-deutschland.de).

67

Burg Nollig
Am Rheinsteig
Startpunkt: Wisperbrücke
via: Wisperstraße/
Weiselberg
65391 Lorch am Rhein

**Tourist-Information
Lorch am Rhein**
Rheinstraße 48
65391 Lorch am Rhein
06726 8399249
www.lorch-rhein.de

Lorch am Rhein

Ein Stück Rheinsteig schnuppern
Wanderung zur Burg Nollig

Mit dem Besuch der historischen Rheinstadt Lorch lassen sich Wandervergnügen und Kulturgenuss selbst bei einem kürzeren Aufenthalt bestens vereinen. Beim Bummel durch Lorchs Gassen kommen die Interessenten für Geschichte und Kunst auf ihre Kosten. Der Weg hinauf zur Burg Nollig erfreut das Wandererherz.

Ein Stück des Rheinsteigs – und für wenige Meter tatsächlich ein Steig – beginnt in der Weinstadt Lorch und führt in einer halben Stunde Fußmarsch hinauf zur Burg Nollig. Auf dem letzten Stück mit alpinem Charakter streift der Wanderpfad die Grundmauern der Ruine, die auf einer Bergnase oberhalb des Wispertals dem Zahn der Zeit ausgesetzt ist. Der herrliche Ausblick auf das Rheintal entschädigt dafür, dass der Zustand der Burg keine Besichtigung erlaubt. Wer länger als eine knappe Stunde (für Hin- und Rückweg) unterwegs sein möchte, kann die Wanderung auf dem Panoramaweg in Richtung Kaub fortsetzen.

Für den Aufstieg zur Ruine folgen wir dem blauen Rheinsteigzeichen, das die Straße linker Hand der Wisperbrücke markiert. Bald zweigt die Strecke halb links ab und mündet in einen Hohlweg, der sanft, aber stetig bergauf führt. Unmittelbar hinter der Betonbrücke, die sich hoch über den Weg legt, heißt es, sich zu entscheiden. Bei trockenen Wegverhältnissen und mit gutem Schuhwerk nehmen wir den Pfad, der scharf rechts abzweigt, über die Brücke und bald danach in wenigen steilen Serpentinen und über ein Felsstück hinauf zur Nollig führt. Sind die Wege rutschig, empfiehlt sich die sicherere Variante, die der Ausweisung des Rhein-Burgen-Wegs folgt. Der Pfad verläuft ein Stück weit geradeaus bis zu einer Treppe, biegt danach links ab und erreicht bald darauf den Rastplatz unterhalb der Burgruine. Diese Variante bietet sich auch für den Rückweg an, auf dem bald die Pfarrkirche St. Martin ins Blickfeld gerät, in deren Orgel das »Riesling-Register« eingebaut ist. Betätigt der Organist den Zug, ertönt Vogelgezwitscher und eine Klappe gibt einen guten Tropfen und Weingläser frei. Eine einzigartige Einrichtung und passend für die Kirche eines Winzerortes.

Das Robert-Struppmann-Museum zeigt mittelalterliche sakrale Skulpturen sowie Fundstücke aus der Bronze- und Römerzeit. Im Rundturm Strunk befindet sich ein kleines Infozentrum zum UNESCO-Welterbe Oberes Mittelrheintal.

68

Landmuseum Ransel
Förderverein Ländlicher
Kultur e.V.
Gewerbegebiet 1
65391 Lorch am Rhein
06726 2088
www.flk-ransel.de

Land Art Restaurant
Kirchstraße 34
Gewerbegebiet 1
65391 Lorch am Rhein
www.landart-ransel.de

NACH GROSSVÄTER ART
Landmuseum Ransel

Gerüche wecken Erinnerungen. Wie der Duft frisch gebackenen Brots oder der Geruch von Stiefelfett und Leder, der Kindheitserinnerungen lebendig werden lässt. Neben diesen Reizen für die Nase bietet das Landmuseum Ransel auch für Auge und Ohr allerhand Entdeckenswertes mit Erinnnerungsgarantie. Sofern man der etwas älteren Generation angehört. Und im besten Fall die Kindheit auf dem Land verbracht hat.

Umgeben von dicht bewaldeten Bergkuppen und unweit der Landesgrenze zu Rheinland-Pfalz liegt der Lorcher Ortsteil Ransel in stiller Abgeschiedenheit auf einer freien Anhöhe von gut 400 Metern. Am Ende des Dorfes, in der Nachbarschaft eines Modehauses, befindet sich das Landmuseum: Auf grüner Wiese, bestückt mit einer offenen Scheune und mehreren Schuppen und Hütten, in denen die Exponate ausgestellt sind. Bisweilen ein wenig zu viel des Guten, möchte man meinen, bei allem, was sich dort in reichlich Gesellschaft aufgetürmt und versammelt hat. Wir nehmen das gewisse Übermaß nicht krumm, erfreuen uns lieber an all den Handwerkzeugen und rätselhaften Maschinen und bedenken, dass wir nicht in einem Hochglanz-Stadtmuseum auf Entdeckungstour gehen. Das Landmuseum Ransel ist das Kind eines Fördervereins. Dessen allesamt ehrenamtlich wirkenden Mitglieder haben sich der Aufgabe gestellt, die ursprünglich private Sammlung aus der Zeit von 1900 bis 1970 den interessierten Besuchern zugänglich zu machen. Ein Engagement, das in jedem Winkel zu spüren ist. »Hat es nicht genauso bei unserem Schuster ausgesehen?«, fragt sich so mancher beim Blick in die Schuhmacherwerkstatt. Wer als jüngerer Besucher oder ehemaliges Stadtkind den vielen Museumsstücken mit ratlosem Staunen gegenübersteht, kann sich bei einer Führung den Gebrauch erklären lassen und darf vielleicht selbst ausprobieren, wie das damals ging, beim Weinbau und in der Landwirtschaft zu früheren Zeiten. Oder wird einen der Besucher ansprechen, die mit glänzenden Augen die Runde machen.

Beliebter Treffpunkt für Museumsbesucher, Wanderer, Ausflügler und andere Genussmenschen ist das dem Museum angeschlossene *Land Art Restaurant*.

69

Wispertalsteig
Startpunkt: Wanderparkplatz Ortsausgang
Friedhofsweg 4
65391 Lorch am Rhein
www.wisper-trails.de

Heimat- und Kulturverein Espenschied
Kirchweg 3
06775 425
65391 Lorch am Rhein
www.luftkurort-espenschied.de

AUS DEN TIEFEN ZU DEN HÖHEN
Wispertalsteig in Espenschied

> Der Wisperwind, der Wisperwind,
> Den kennt in Oestrich jedes Kind!
> Des morgens früh von vier bis zehn,
> Da spürt man allermeist sein Wehn!
> Stromauf aus Wald und Wiesengrund
> Haucht ihn der Wisper kühler Mund

So beschreibt der Dichter Ferdinand Freiligrath, der zur Mitte des 19. Jahrhunderts zeitweise in St. Goar lebte, eine Eigenart des Wispertals. Als steil und waldreich erweist sich das Tal der Wisper, die sich auf 30 Kilometern von ihrer Quelle bei Heidenrod bis nach Lorch schlängelt und dort in den Rhein mündet. Wanderer zieht es in die menschenleeren Seitentäler und auf Bergkuppen, deren geografische Beschaffenheit die Besiedlung von jeher schwierig machte. Was frühere Herrscher nicht davon abhielt, die nördliche Grenze des Rheingaus mit Burgen zu sichern, die heute dem Verfall preisgegeben sind.

Als Rundweg führt der Wispertalsteig durch ein verträumtes Seitental. Weite Ausblicke und stille Waldwege machen den Reiz dieser Wanderung aus. Wobei die Ruhe keinesfalls bedeutet, dass kein Laut zu hören sei. Im Gegenteil erscheinen uns die Vogelgesänge selten so stimmgewaltig wie an diesem Vormittag im Mai. Ob es daran liegt, dass kaum von Maschinen gemachter Lärm zu hören ist? Kein Automotor. Kein Schlepperrattern. Selbst der Himmel bleibt unbehelligt vom Flugbetrieb. Im zur Stadt Lorch gehörenden Luftkurort Espenschied machen wir uns bereit für die 15-Kilometer-Strecke: eine anspruchsvolle Runde, die 2009 zum ersten Mal ausgewiesen wurde. Mit dem Wispertalsteig begann die Erfolgsgeschichte der beliebten Premiumwanderwege im Wispertaunus. Was uns erwartet? »Viele Ruhebänke an lauschigen Plätzchen, einen Naturdenkmal-Baum, ein Feldkreuz, Fernblicke bis zum Hunsrück und zum Großen Feldberg im Taunus, Felsen, Blicke auf zwei Burgruinen, Bäche, einen kleinen Schiefer-Bergstollen, Weiden, Wald mit hohem Wildbestand, einen Sauerbrunnen, einen Köhlerplatz«, verkündet die Wegbeschreibung. Dann nichts wie los! Und den Wisperwind auf der Haut spüren.

Infos zur Strecke und eine ausführliche Wegbeschreibung finden sich auf der Wisper-Trials-Website.

GENUSS AUF WEITEN WEGEN
Fernwanderwege

Immer mehr Menschen, zunehmend jüngere, schnüren in ihrer Freizeit die Wanderstiefel. Im Rheingau wie im Naturpark Rhein-Taunus können Wanderfreunde nach Herzenslust ihrem Hobby nachgehen. Ein dichtes Netz markierter Strecken durchzieht die Wälder und Wiesentäler der Mittelgebirgslandschaft. Zahlreiche Rundwege führen durch ausgewählte Gebiete. Weitwanderwege erschließen die Region, unter denen der Rheinsteig einen Spitzenplatz einnimmt. 2005 aus der Taufe gehoben, stürmte die hochgelobte Wanderstrecke die Hitliste der deutschen Wandersteige.

Auf einer herrlichen Wanderstrecke ein Stück Rheinromantik genießen und den Tag in einer gemütlichen Rheingauer Weinstube ausklingen lassen – ein »Genusswandern« vorzüglichster Art, das immer mehr begeisterte Anhänger gewinnt. Der Rheinsteig beginnt in Wiesbaden im Biebricher Schlosspark und führt auf 320 Kilometern nach Bonn. Kein anderer Fernwanderweg verbindet auf diese einzigartige Weise teils anspruchsvolles Wandern mit traumhaften Ausblicken. Weite Strecken führen über Naturboden und Pfade, die die Bezeichnung »Steig« verdienen. Jede Wegbiegung gibt aufs Neue den Blick auf Weinberge, Burgen und den Lauf des Rheins frei. Ein praktischer Aspekt macht den Rheinsteig auch für Tageswanderer attraktiv. In Abständen führt die mit einem weißen »R« auf blauem beziehungsweise gelbem Grund ausgewiesene Strecke von den Rheinhöhen hinab in Orte, die an die Bahnlinie angeschlossen sind. So kann der Wanderer seine Tagesstrecke individuell planen. Morgens stellt man den Wagen am Bahnhof ab, fährt mit der Bahn das Stück zurück, das man wandern möchte, und kann entspannt losgehen. Wer für ein Wochenende oder länger unterwegs ist, findet entlang der Strecke ein großes Angebot solcher Gastgeber, die sich auf Wanderer eingestellt haben und oftmals Zusatzleistungen wie einen Gepäcktransport anbieten.

101 Jahre älter als der Rheinsteig ist Deutschlands traditionsreichster Wanderweg, der Rheinhöhenweg. Ihn gibt es in doppelter Ausführung auf der rechten und auf der linken Rheinseite. Rechtsrheinisch führt er wie der Rheinsteig von Wiesbaden bis Bonn, braucht dafür aber »nur« 270 Kilometer. Der mit einem schwarzen oder weißen »R« gekennzeichnete Weg verbindet die Ortschaften

über die Höhen des Rheingaugebirges. Der Rhein selbst gerät dabei häufig aus dem Blickfeld.

Der dritte im Bunde der großen Rheinwanderwege ist der *RheinBurgenWeg,* der die 30 Burgen des Mittelrheintals miteinander verbindet und sich ab Rüdesheim rheinaufwärts zieht. Sein Zeichen ist ein mit stilisierten Burgzinnen geschmücktes rotes »R«. Die Rheinwanderwege treffen oftmals aufeinander und begleiten den Wanderer streckenweise gemeinsam. Zum jüngsten Wanderwegenetz gehören die *Wisper Trails,* die mit dem 44 Kilometer langen Wispertaunussteig und auf einem guten Dutzend Rundtouren für reichlich Wanderlust sorgen.

Andere Dimensionen bieten der Europäische Fernwanderwege. 1969 ins Leben gerufen, gibt es mittlerweile elf Europäische Fernwanderwege, die allerdings noch nicht vollständig ausgewiesen sind. Der Europäische Fernwanderweg 3 beginnt in Portugal in der Südwestspitze des europäischen Festlands, schlägt einen nördlich ausgerichteten Bogen und endet in Istanbul. Als Taunushöhenweg, der sowohl mit einem blauen »X« als auch mit einem schwarzen »T« gekennzeichnet sein kann, führt er von Kaub am Mittelrhein direkt in den Taunus und weiter auf dem Hauptkamm über den Hochtaunus bis nach Butzbach. Im Bereich des Rhein-Taunus durchquert die Wanderstrecke Lorch-Ransel, streift Stephanshausen und vereint sich mit dem Rheinhöhenweg bei der Überschreitung des Grauen Steins, der mit einem Ausblick auf den Hinterlandswald belohnt. Danach führt die Route zum Rheingauer Gebück an der Mapper Schanze. An der weiteren Strecke liegen Schlangenbad und der Schläferskopf. Über Platte und Kellerskopf erreicht der Taunushöhenweg schließlich Wiesbaden-Medenbach.

Der Europäische Fernwanderweg 1 verbindet das Nordkap mit Sizilien und führt in Deutschlands von Flensburg bis zum Bodensee. Auf diesem weiten Weg lässt er den Taunus nicht aus. Sein Zeichen ist das weiße Kreuz. Den Naturpark Rhein-Taunus erreicht er nahe des Aarbergener Ortsteils Kettenbach, kreuzt das Aartal bei der Michelbacher Hütte und führt – nach einem Wegstück auf der Eisenstraße – hinab nach Hennethal. Der weitere Verlauf führt am Idsteiner Hexenturm vorbei, begegnet dem Limes und macht sich über Schloßborn auf zum Hochtaunus.

Was läge näher, als den als UNESCO-Welterbe ausgezeichneten Obergermanisch-Rätischen Limes mit einer Wanderstrecke zu begleiten? Über 120 Kilometer zieht sich der Limeswanderweg vom Bad Ems an der Lahn entlang des ehemaligen römischen Grenzwalls durch den Hintertaunus. In Idstein-Dasbach schmückt der rekonstruierte Wachturm den Limeswanderweg, der danach durch den Hochtaunus führt, bis er in Butzbach sein Ziel erreicht. Auf dem Gebiet des Rhein-Taunus liegen unter anderem die Etappenziele Bad Schwalbach, Adolfseck, das Kastell Zugmantel und Eschenhahn.

Aus der Zeit der Römer stammt ein uralter Handelsweg, der einst die Kastelle miteinander verband und nun als Aar-Höhenweg wieder auflebt. Seinen Anfang nimmt er an der Aarquelle nahe des Kastells Zugmantel bei Taunusstein-Orlen und endet nach 62 Kilometern außerhalb der Grenzen des Naturparks Rhein-Taunus in Diez. Auf seinem Weg durch Taunusstein, Bad Schwalbach, Hohenstein, Heidenrod, Aarbergen und Hahnstätten vereint er sein Zeichen – das Abbild des Flusslaufs – mit dem weißen Kreuz des Europäischen Fernwanderwegs 1. Man kann den Aar-Höhenweg in drei Tagen zurücklegen oder, je nach Lust und Kondition, in kürzeren Etappen erkunden.

Auf historischem Terrain bewegt sich auch der Rheingauer Gebückweg, der unseren Blick wieder auf den Rheingau lenkt. Wie die anderen Fernwanderwege kreuzt und begleitet auch der Gebückweg immer wieder andere Wanderstrecken und Rundwege, die Lust darauf machen, noch mehr dieser wunderschönen Landschaft auf die geruhsamste Art zu entdecken: Zu Fuß.

Weitere Informationen für Wanderlustige:
www.naturpark-rhein-taunus.de
www.rheinsteig.de
www.rheinhöhenweg.de
www.rheinburgenweg.com
www.wisper-trails.de
www.era-ewv-ferp.org
www.taunus.info
www.limesstrasse.de
www.rheingau.de
www.hessen-tourismus.de

IN WÄLDERN UND AUF WIESEN
Naturpark Rhein-Taunus

Tief eingeschnittene Täler, ausgedehnte Wälder und hineingestreute lichte Anhöhen mit sanft geschwungenen Feldern und Wiesen sind die Kennzeichen des Naturparks Rhein-Taunus. Die abwechslungsreiche Mittelgebirgslandschaft nimmt mit rund 81.000 Hektar einen Großteil der Fläche des Rheingau-Taunus-Kreises ein und reicht hinein bis in das Wiesbadener Stadtgebiet. Das Herzstück des Naturparks bildet der Hinterlandswald, Hessens größtes zusammenhängendes Waldgebiet. Eine Fahrt aus dem Rheingau dort hinauf zeigt eindrucksvoll den Kontrast zwischen dem dicht besiedelten lebendigen Landstrich am Rheinufer und den nördlich gelegenen menschenleeren Waldgebieten.

Der Hinterlandswald liegt in der südwestlichen Region des Naturparks Rhein-Taunus. Der südliche Rand des zerklüfteten Waldgebietes markiert den Grenzverlauf des Rheingauer Gebücks, das im 12. bis 13. Jahrhundert den Vorderwald auf der Rheingauer Seite gegen den Hinterlandswald – »den Wald hinter dem Gebück« – abschottete. Lange Zeit blieb der Hinterlandswald verlassen und unzugänglich. Bis heute führt eine einzige Asphaltstraße durch diesen Landstrich, in dem man sich tagelang aufhalten könnte, ohne einem Menschen zu begegnen. Und das so nah am Rhein-Main-Gebiet! Als belebter, doch keinesfalls überlaufen erweisen sich die übrigen Wanderwege mit insgesamt 600 Kilometern Strecke, die über den gesamten Naturpark ausgewiesen sind.

Nördlich des Hinterlandswaldes liegt die flächengrößte Gemeinde im Rhein-Taunus. Algenroth, Dickschied, Geroldstein, Hilgenroth, Kemel und 14 weitere Dörfer haben sich zur Gemeinde Heidenrod zusammengeschlossen und bieten Ruhe und Natur auf 250 Kilometern Wander- und Radwegstrecken, die die Ortsteile miteinander verbinden. Mit Naturerlebnissen punktet auch die Gemeinde Hohenstein, die ihren Namen der mächtigen Burg Hohenstein verdankt, die sich über das noch junge Aartal erhebt. Der weitere Lauf führt das Flüsschen Aar durch Aarbergen hindurch. Die größeren Städte liegen in der östlichen Hälfte des Naturparks Rhein-Taunus: Bad Schwalbach als Kur- und Kreisstadt, das aufstrebende Taunusstein mit seinen zehn Ortsteilen, die »Hexenstadt« Idstein und Niedernhausen.

Autofahrer erobern einen Bereich des Naturparks über die Bäderstraße, die als B 260 von Walluf im Rheingau über Schlangenbad und Bad Schwalbach weiter nach Bad Ems im Rhein-Lahn-Kreis führt und die Kurorte miteinander verbindet. Entlang der Bäderstraße finden sich immer wieder Hinweise auf die frühe römische Besiedlung. Geschichtsträchtig ist auch die »Hühnerstraße«, die als B 417 von Wiesbaden nach Limburg führt. Der Name für den Abschnitt zwischen Taunusstein-Neuhof und Limburg hat nichts mit dem Federvieh zu tun. Der Name der historischen Handelsstraße geht auf das keltische Wort »hön« (hoch) zurück. Früher hielten sich die Reisenden lieber in den Höhenlagen auf, die ein leichteres und sichereres Vorankommen ermöglichten als die Täler mit ihren Bachläufen und dem oftmals morastigen Untergrund. Nach anderen Vermutungen bezieht sich der Name auf die zahlreichen Hügelgräber (»Hünengräber«) aus vorchristlicher Zeit, die sich auf den Gebieten der Gemeinden Hünfelden und Hünstetten finden lassen. Unterwegs lohnt sich ein Zwischenstopp bei der »Hühnerkirche« an der »Hühnerstraße« zwischen den Hünstettener Ortsteilen Wallbach und Limbach. Das abgelegene Anwesen, das Gasthof und Kirche in sich vereint, gilt als Kuriosum und Kulturdenkmal zugleich und ist das Wahrzeichen der Gemeinde Hünstetten. Um das Jahr 1515 gab es an diesem Ort bereits eine Kapelle. Urkunden weisen darauf hin, dass die Kirche nach der Reformation nicht mehr genutzt wurde. Es gab einen jährlichen Markt, und zum Ende des 16. Jahrhunderts wurde an dieser Stelle bereits ein Gasthaus betrieben. Zwischenzeitlich entwickelte sich die »Hühnerkirche« zu einer Poststation mit Gastwirtschaft, eigener Brauerei und Branntweinbrennerei. Heute ist die »Hühnerkirche« ein Gasthaus mit Hofgut. Ob im Auto, im Fahrradsattel oder zu Fuß: Der Naturpark Rhein-Taunus wartet mit vielerlei Entdeckung auf.

Naturpark Rhein-Taunus
Veitenmühlweg 5
65510 Idstein
06126 4379
www.naturpark-rhein-taunus.de

70

Wispersee
65321 Heidenrod-Wisper
Parkplatz am Strupsel: via
Naurother Weg
www.wisper-trail.de

Restaurant Hexenmühle
Zum Wiesental 18
65321 Heidenrod-Wisper
06124 7268650

RAUNEN UND RAUSCHEN IM RUHIGEN TAL
Wispersee

Friedvoll liegt er im bewaldeten Tal, der Wispersee, und um es gleich vorwegzunehmen: Das beschauliche Gewässer gewährt keinen Badespaß, und Grillpartys wären hier ebenso fehl am Platz. Wer jedoch die Stille liebt, findet entlang der Wasserfläche etliche lauschige Plätzchen, um sich zu entspannen, Wassergetier zu beobachten oder den Graureihern zuzuschauen, die es den Anglern am Ufer gleichtun und geduldig auf Beute lauern.

Auf gut 200 Metern erstreckt sich der Stausee. Gespeist wird er vom Flüsschen Wisper, dem die gesamte Region – der Wispertaunus – ihren Namen verdankt und dessen Quelle in der Nähe des gleichnamigen Dorfs entspringt. Das verwunschen wirkende Örtchen blickt auf eine lange Geschichte zurück, wurde die Waldsiedlung Wisper doch um 1265 zum ersten Mal urkundlich erwähnt.

Vom Parkplatz am Strupsel lässt sich der Wispersee in wenigen Minuten zu Fuß erreichen. Über den Autodächern weht die leuchtend blaue Fahne, die hier wie an allen Ausgangspunkten auf die *Wisper Trails* aufmerksam macht. Mehr als 200 Kilometer lassen sich im Netz der Premiumwanderwege im Wispertaunus erkunden. Darunter empfiehlt sich Wanderfans ein gutes Dutzend verträumter Rundkurse zwischen fünf und 19 Kilometern Länge. Wer vom Draußen-Unterwegs-Sein gar nicht genug bekommen kann, nimmt vielleicht zudem den Wispertaunussteig in Angriff. Über auf- und absteigende 44 Kilometer verläuft er zwischen Kemel und Lorch am Rhein – ein wahrer Wandermarathon, der auch in Etappen absolviert werden kann.

Auch der Ausflug zum Wispersee lässt sich mit einer Wanderung verbinden. Wir können zwischen den beiden *Wisper Trails Naurother Grubengold* (14,1 Kilometer) und *Wisper Geflüster* (8,5 Kilometer) wählen. Oder wir umrunden den See auf einem kürzeren Spaziergang und lassen uns vom wispernden Flüsschen begleiten.

Der Wispertaunus bietet Wanderneulingen wie alten Hasen vielversprechende Touren durch Wälder und Wiesentäler. Beschreibungen der Premiumwanderwege finden Sie unter: www.wisper-tails.de.

71

Haus Ingeborg im
Kur- und Badeort Schlangenbad
Mühlstraße 19
65388 Schlangenbad

Staatsbad Schlangenbad GmbH
Tourist-Information
Rheingauer Straße 18
65388 Schlangenbad
06129 4850
www.schlangenbad27grad.de

BADEVERGNÜGEN IM QUELLWASSER
Erkundung des Kur- und Badeorts

Unter der *Wilden Frau,* einer sagenumwobenen Felsengruppe, liegt Schlangenbads größter Schatz. Das Besondere des »Wildwassers« ist der hohe Anteil an Kieselsäure. Der Kochsalzgehalt ist gering und gibt dem Thermalwasser einen milden Geschmack.

Bevor sich der Kurbetrieb entwickelte, nutzten Anfang des 17. Jahrhunderts Müller die Quellen. Da der Warme Bach nicht gefror, konnten die Wassermühlen auch während des Winters mahlen. Für lange Zeit blieben die Mühlen die einzigen Gebäude im Tal. Zwar wusste man um die Heilkraft des Wassers, aber es brauchte seine Zeit, bis der Badebetrieb im Grenzgebiet der drei selbstständigen Länder Hessen-Kassel, Kurmainz und Nassau in Gang kam. Die Quellen gehörten dem Landgrafen Karl zu Hessen-Kassel, der 1694 ein Badehaus mit vier Bädern und einer Schwitzstube sowie ein Gästehaus mit 14 Zimmern bauen ließ. Die Kurmainzer wollten nicht zurückstehen. Obwohl sie über kein Thermalwasser verfügten, errichteten sie auf eigenem Gebiet ein Hotelgebäude. Vielleicht ist es der Konkurrenz der Herrschaftshäuser geschuldet, dass sich Schlangenbad zum feudalen Erholungsort des 18. Jahrhunderts herausputzte. Der Charme früherer Größe liegt über dem Städtchen, auch wenn die gekrönten Häupter ausbleiben. Zwischen den Gebäuden im spätklassizistischen Stil erhebt sich als Blickfang der Eckturm der *Villa Ingeborg.* 1904 für den Badearzt Dr. Enrique Müller und seine Frau erbaut, macht das denkmalgeschützte Wohnhaus mit Jugendstilelementen auf sich aufmerksam.

Als einer der kleinsten deutschen Kur- und Badeorte besticht Schlangenbad vor allem mit Ruhe und Natur. Und, nicht zu vergessen, mit dem Thermalwasser, das einst als »Schönheitswasser« bis an die nordeuropäischen Königshäuser geliefert wurde. Was damals dem Adel gefiel, lässt sich heute in der Aeskulap Therme genießen. Oder im Thermalfreibad, wo man in frischem Quellwasser badet. Jeden Abend wird das Schwimmbecken aufs Neue mit »Wildwasser« gefüllt.

In der *Aeskulap Therme* in der Rheingauer Straße 18 und im Thermalfreibad in der Nassauer Allee 1 entspannen. *Der kleine Kuchenladen* in der Rheingauer Straße 43 lockt mit Verführungen (www.kuchenladen-schlangenbad.de).

72

Elisabethentempel
Brunnenberg
65307 Bad Schwalbach
www.bad-schwalbach.de

Kurpark Bad Schwalbach
Badweg/Brunnenstraße
65307 Bad Schwalbach

KAISERLICH BADEN UND ENTSPANNEN
Elisabethtempel im Kurort

Mit der Landesgartenschau im Jahr 2018 zog frischer Glanz in Bad Schwalbach ein. Seit über 400 Jahren suchen die Menschen in der Heil- und Kurstadt Erholung. Auch Kaiserin Elisabeth, genannt Sissi, gehörte zu den Gästen. Bis heute erinnert der Elisabethtempel auf der Bergkuppe Busemach an die österreichische Regentin. Sie stiftete den Aussichtspavillon anlässlich ihres Aufenthalts in Langenschwalbach – wie die Stadt bis 1927 hieß. Wer ihren Lieblingsplatz besuchen möchte, macht sich wie einst die Kaiserin zu Fuß auf den Weg. Ein halbstündiger Spaziergang führt aus der Innenstadt hinauf zum Tempel. Bequemer lässt sich der Aussichtspunkt ab dem Parkplatz *Schäfersberg* in der Rheinstraße erobern. Unmittelbar hinter dem Autohaus zweigt ein unscheinbarer Pfad ab, der durch ein Wäldchen zum Ziel führt.

Bereits im Mittelalter war das Heilwasser höchst begehrt. Weil der beschwerliche Weg zu den abgelegenen Taunusquellen die Reisenden abhielt, füllten die Schwalbacher das kostbare Nass in Fässer und trieben in ganz Europa damit Handel. Je besser die Straßen wurden, desto mehr Gäste fanden den Weg ins damalige Langenschwalbach. Als mit der 1889 in Betrieb genommenen Aartalbahn das Städtchen an das Schienennetz angeschlossen wurde, blühte der Kurbetrieb richtig auf. Zu Zeiten Kaiserin Elisabeths musste man noch mit der Kutsche anreisen. Sissi, die bekannt dafür war, stundenlange Wanderungen in flottem Tempo zu unternehmen, wird die waldreiche Umgebung gefallen haben.

Der Naturnähe der Stadt gebührt – neben dem Kurbetrieb – bis heute ein hoher Stellenwert. Der Kurpark ist Ausgangspunkt für Spaziergänge und Rundwanderungen, die sich auf 80 Kilometer summieren. Eine Bad Schwalbacher Besonderheit ist der Kneipp-Barfußpfad, der hinter dem Park beginnt und über Waldboden, Kies und Sand führt. Wer aus erster Hand etwas über die Wirkung von Kräutern erfahren möchte, sollte an den Heilpflanzenwanderungen teilnehmen. Wissenswertes über die Stadt bietet eine Führung zu den historischen Gebäuden, die bereits während Sissis Aufenthalten zum Stadtbild gehörten.

Neben der Stadtgeschichte und Sonderausstellungen präsentiert das Bad Schwalbacher Museum das Interieur der ältesten Apotheke im Taunus, die 1642 gegründet wurde (www.museum-bad-schwalbach.de).

73

Burgruine Hohenstein
Burgstraße
65329 Hohenstein

Gemeinde Hohenstein
Schwalbacher Straße 1
65329 Hohenstein
06120 290
www.hohenstein-hessen.de

TRUTZIGE KULISSE FÜR THEATERFANS
Burg Hohenstein

Hoch über dem Aartal thront sie, die Ruine der Burg Hohenstein, und lässt den Betrachter die einstige Bedeutung erahnen. In den mittelalterlichen Spektakeln lebt die vergangene Epoche wieder auf. Wenn sich Gaukler, Rittersleute und Wahrsagerinnen unter das moderne Volk mischen. Oder die Walpurgisnacht zur Nacht der Hexen wird. Wem solches Treiben zu turbulent ist, dem bietet sich die Theatervorstellung im Sommer unter freiem Himmel an. Als Amateurtheater gibt die Taunusbühne Bad Schalbach ihren Mitstreitern die Möglichkeit, zwischen Burgmauern Theaterluft zu schnuppern – zur Freude und zum Vergnügen der Zuschauerinnen und Zuschauer im Burghof.

Die Gemeinde Hohenstein, ein Zusammenschluss von sieben ehemals eigenständigen Dörfern, verdankt ihren Namen der imposanten Burgruine, und der Ortsteil Burg-Hohenstein rückt bis an die Grundmauern heran. Erbaut wurde die Burg in der Zeit um 1190 von den Grafen von Katzenelnbogen, die sich damit gegen die Grafen von Nassau verteidigen wollten. Für beinahe 300 Jahre behielten sie die Burg in ihrem Besitz, bis es im Jahr 1479 keinen männlichen Nachkommen gab, der das Erbe hätte fortführen können, und die Burg über eine Heirat mitsamt der Grafschaft Katzenelnbogen an Hessen gelangte. 1647, im vorletzten Jahr des verheerenden Dreißigjährigen Krieges, geriet die Burg in Brand und wurde schwer beschädigt. Die Gemäuer waren in den folgenden Jahrhunderten dem Verfall preisgegeben. Erst 1968 – inzwischen im Besitz des Landes Hessen – erwachte die Burg aus ihrem Dornröschenschlaf. Die Burgspiele der Taunusbühne Bad Schwalbach sorgen heute für Betriebsamkeit zwischen den 800 Jahre alten Mauern. In den Sommermonaten und an den Spieltagen sind Teile der Burg tagsüber für Besucher frei zugänglich. Höhepunkt im wahrsten Sinn des Wortes ist die Besteigung des Bergfrieds. Von hoch oben bietet sich ein einzigartiger Ausblick auf das Aartal und die angrenzende Waldlandschaft.

Nach festen Terminen und auf Anfrage bietet der *BUND Hohenstein* Führungen in der Burg an: www.bund-hohenstein.de. Alles zum Spielplan der Freilichtbühne unter: www.taunusbuehne.de.

74

Golfgreen Aarbergen
Hintergasse 18
65326 Aarbergen-
Rückershausen
0178 1841154
www.golfgreen-
aarbergen.de

ABENTEUER MIT BAHNEN UND BÄLLEN
Golfgreen Aarbergen

»Adventure-Golf« nennt Ralf Diefenbach das gesellige Vergnügen in seiner Anlage, die für Besucher auf 10.000 Quadratmetern allerlei Kniffelei mit Ball und Schläger bereithält. Sein persönliches Abenteuer hieß zunächst einmal »Unternehmensgründung«. Auf zwei Jahre Planung und Reisen quer durch Deutschland blickte der Rückershausener zurück, bevor er 2012 seine Ideen in die Tat umsetzen konnte. In seinem Heimatort fand er ein Wiesenstück, das er mit viel Herzblut, Kreativität und Muskelkraft in wenigen Monaten umgestaltete.

Der Unterschied zum herkömmlichen Minigolf liegt nicht allein in den Ausmaßen der 18 Bahnen, die zwischen 12 und 28 Meter lang sind. Anstatt vor der Spielfläche warten zu müssen, bis die Mitspieler ihren Abschlag absolviert haben, wird hier gemeinsam gegolft – ob zu zweit oder mit bis zu fünf Teilnehmern. Jeder bekommt einen (echten) Golfschläger. Die farbigen Bälle verhindern, dass es unterwegs zu Verwechslungen kommt. Für ein Paar dauert eine komplette Runde etwa zwei Stunden. Größere Gruppen sollten entsprechend mehr Zeit mitbringen.

Wer Lust auf noch mehr Bewegung hat, kann sich beim Beachvolleyball austoben. Denksport bietet das Großspielfeld für Schach, Dame und Mühle. Die jüngsten Golfer freuen sich über einen Minigolf- und einen Spielplatz. *Country-Western-* sowie *Blau-Weiße-Tage* und andere Events mit Livemusik ergänzen das sportliche Unterhaltungsangebot.

Zwischen oder nach den Aktivitäten kann man am Kiosk bei einem Imbiss ausspannen. Bahn 19 ist dank der Lage am Radweg auch ein beliebter Zwischenstopp für Radfahrer und Wanderer. Denn auch das war ein lang gehegter Traum Ralf Diefenbachs: Gäste zu bewirten! Und am liebsten mehr als das. Es sollte »noch etwas dazukommen« – mit Golfgreen Aarbergen sind beide Wünsche in Erfüllung gegangen.

Kindergeburtstag? Im *Golfgreen Aarbergen* ist für Spiel und Spaß gesorgt. Auch große Geburtstagskinder und Brautpaare zieht es zur Feier in die *Bahn 19*.

75

Aartalradweg
Hahnstätten–Diez/
Hahnstätten–Bleidenstadt
www.lahn-taunus.de/
Urlaub.php/Rad

Fahr zur Aar
(Mai)
VG Hahnstätten
Austraße 4
65623 Hahnstätten
06486 9179141
www.fahr-zur-aar.de

RADLERSPASS AM WASSERLAUF
Radfahren im Aartal

Wo einst römische Legionäre das Kastell Zugmantel erbauten, kommt sie als unscheinbare Quelle ans Licht. Die Aar schlängelt sich durch Wiesentäler und Schluchten, passiert abgelegene Wälder und Felswände, bis sie sich bei Limburg mit der Lahn verbündet. Begleitet wird der plätschernde Flusslauf von den Schienen der Aartalbahn, heute eine Museumsbahn, dem Aartalradweg und der B54. Dort schweigen einmal im Jahr die Motoren. Dann gehört das waldreiche Aartal allein den Radfahrern, Skatern und Fußgängern.

Die Aufforderung »Fahr zur Aar« lockt jedes Jahr an einem Sonntag im Mai Sport- und Freizeitradler aller Altersstufen auf das 39 Kilometer lange Teilstück der Bundesstraße zwischen dem hessischen Taunusstein-Bleidenstadt und der zu Rheinland-Pfalz gehörenden Stadt Diez. Ungestört vom motorisierten Verkehr darf man die breite Aarstraße einen Tag lang nach Herzenslust zum Radfahren und Skaten nutzen. Dabei kommt die Erholung nicht zu kurz. An zahlreichen Ständen werden Stärkungen und Getränke gereicht. Die anliegenden Ortschaften bieten ein vielseitiges Programm vom Kindervergnügen bis zu Live-Konzerten. Mehrere Erste-Hilfe-Stationen stehen für den Notfall bereit. Ab 10 Uhr morgens ist die Straße freigegeben. Wer zu weit entfernt wohnt, um mit eigener Muskelkraft anzureisen, stellt seinen Wagen auf einem Parkplatz entlang der Strecke ab und steigt auf zwei Räder um – in gespannter Erwartung, welche Erlebnisse das Aartal aufzubieten hat. Die sportlichen Radler starten eilig durch, während es Eltern mit kleinen Kindern geruhsam angehen lassen. Die Steigungen bleiben moderat, sodass genügend Muße bleibt, sich unterwegs im Aartal umzusehen. Der Wald begleitet uns über den Großteil der Fahrtzeit, und zwischen Adolfseck und Michelbach drängen sich die Hänge von beiden Seiten nah und steil heran.

Wer den Trubel des Veranstaltungstages scheut, kann das Aartal das Jahr über auf dem Aartalradweg erleben, der hauptsächlich auf Rad- und Feldwegen entlangführt. Die ruhige Schönheit des Tals lässt sich auf beiderlei Arten genießen.

Der Aartalradweg lässt sich über weite Strecken bequem befahren. Mehr Muskelkraft erfordert der Abschnitt zwischen Michelbach und Hohenstein. Danach wird's Richtung Bleidenstadt richtig sportlich!

76

Märchenwald
Anfahrt: Paul-Morant-Allee
(bis Parkplatz)
65558 Burgschwalbach

Heimatverein Burgschwalbach
Hinter den Zäunen 19
65558 Burgschwalbach
06430/925830
www.heimatverein-burgschwalbach.de

KNUSPER, KNUSPER, KNÄUSCHEN
Märchenwald Burgschwalbach

Allein der Name des Spielplatzes weckt malerische Bilder im Kopf: Märchenwald. Wie charmant, wenn bereits die Anfahrt diesen fantastischen Vorstellungen nahekommt.

Die Strecke führt aus dem Taunusörtchen Burgschwalbach heraus und unmittelbar vorbei an der gleichnamigen malerischen Burg, die Eberhard V. Graf von Katzenelnbogen zwischen 1368 und 1371 errichten ließ und die zu Recht zu den schönsten Festungen im Taunus zählt. In heutigen Zeiten ist das imposante Bauwerk für sein romantisches Restaurant bekannt, das zwischenzeitlich wegen umfangreicher Instandsetzungsmaßnahmen des mittelalterlichen Gemäuers geschlossen wurde. Das Sträßchen steigt weiter an, bis wir einen Parkplatz erreichen. Von dort aus gehen wir zu Fuß bergauf. Unser Ziel liegt dem Sportplatz gegenüber. Ein weißes Backsteintor weist uns den Weg. Dahinter öffnet sich ein schattiger Laubwald und darin eingebettet liegt er, der Märchenwald.

Reichlich Platz zum Toben garantieren Klettergerüste, Schaukeln und eine hölzerne Festung. Sogar ein Schiff liegt zwischen den Bäumen vor Anker. Unternehmungslustig wird losgeflitzt. Im Sturm erobern Rittersleut' und Prinzessinnen die Burgschwalbach en miniature, durch die schon Oma und Opa gekraxelt sein könnten. Denn neben der märchenhaften Atmosphäre zeichnet eine weitere Besonderheit den außergewöhnlichen Waldspielplatz aus: Es gibt ihn seit 1962!

Damals gründete sich der *Heimatverein Burgschwalbach* mit dem Ziel, ein Spielgelände mit lebensgroßen Märchenfiguren zu schaffen. Davon zeugen bis heute Hänsel und Gretel! Wer den Märchenwald besucht, bekommt eine Ahnung, wie viel Engagement die ehrenamtlichen Helfer über die Jahrzehnte aufgebracht haben und nach wie vor leisten – für ein fantasievolles Spielgelände, das Familien kostenlos offensteht und über Spenden finanziert wird.

Drei Schutzhütten und ein geräumiger Sitzplatz unter einem Sonnensegel können für private Feiern gebucht werden (Reservierungen über die Homepage des Heimat-Vereins).

77

Limesrundweg Hohenstein
Startpunkt: Wanderparkplatz Sechsarmiger Stock
65329 Hohenstein
www.limes-in-hohenstein.de

Limes-Museum Hofgut Georgenthal
Georgenthal 1
65329 Hohenstein
06128 9430
www.hofgut-georgenthal.de

AUF FRIEDLICHEN PFADEN
Limesrundweg

»Da Kriege im Geist der Menschen entstehen, muss auch der Frieden im Geist der Menschen verankert werden.« Unmittelbar nach Ende des Zweiten Weltkriegs ein ehrgeiziges Ziel, das sich jene 37 Staaten setzten, die der Verfassung der UNESCO am 16. November 1945 in London mit ihrer Unterzeichnung zustimmten. Inzwischen zählt die Sonderorganisation der Vereinten Nationen mit Sitz in Paris 193 Mitgliedstaaten. Auch Deutschland hat sich der Organisation in der Erkenntnis angeschlossen, dass der Frieden nur bewahrt werden kann, wenn sich die Staaten untereinander austauschen, vor allem hinsichtlich Bildung, Wissenschaft und Kultur. UNESCO-Welterbestätten zählen zu den besonders schützenswerten Kulturdenkmälern. Im Jahr 2005 hat der Obergermanisch-Rätische Limes in diese erlauchte Riege Aufnahme gefunden. Ein guter Grund also, ein – gemessen an der gesamten Länge von 550 Kilometern – bescheidenes Teilstück des ehemaligen Grenzwalls kennenzulernen.

Der Limesrundweg Hohenstein beginnt auf dem Wanderparkplatz Sechsarmiger Stock (inmitten des Waldstücks an der Straße zwischen den Hohensteiner Ortsteilen Born und Breithardt). Spektakuläre Ausblicke oder ausgefeilte Attraktionen erwarten den Wanderer nicht, der die Schuhe schnürt, um das UNESCO-Welterbe Limes ein Stück zu begleiten. Über Wiesenwege und naturbelassene Waldwege geht es voran. Eine Wegstrecke wie die Landschaft: geruhsam, bodenständig und mit einer Schönheit bedacht, die auf den zweiten Blick berührt. Bei nassem Wetter empfehlen sich robuste Schuhe. Asphalt- und Schotterwege machen sich auf der fünf Kilometer langen Strecke erfreulich rar. Überhaupt, Wald und Wiesen stehen an erster Stelle. Die lesenswerten Tafeln drängen sich nicht in den Vordergrund. Überwiegend friedlich, so erfahren wir, ging es an den Grenzübergängen zu. Die Germanen lernten von den Römern und umgekehrt. Ein kultureller Austausch, ganz im Sinne der UNESCO.

Die Tour lässt sich gut mit einem Besuch des kleinen Limes-Museums im Hofgut Georgenthal (mit Hotel, Restaurant und Golfplatz) verbinden. Dort startet der fünf Kilometer lange Limes-Rundweg Georgenthal.

78

Kastell Zugmantel
Parkplatz am Kastell
via: Am Zugmantel
(an der B 417)
65232 Taunusstein-Orlen

Naturpark Rhein-Taunus
(Geschäftsstelle)
Veitenmühlweg 5
65510 Idstein
06126 4379
www.naturpark-rhein-taunus.de

RÖMISCHE SPUREN
Kastell Zugmantel

Die Hühnerstraße (B417) kreuzt den Obergermanischen Limes in Höhe des Kastells Zugmantel und bringt uns zum Ausgangspunkt des Archäologischen Lehrpfads. Vom Naturpark-Parkplatz (gegenüber der zweiten Abzweigung nach Taunusstein-Orlen) führt ein schmales Tor zur ersten Station des Lehrpfads.

Wo nun ein dichter Wald steht, lag einst das Lager einer römischen Kohorte. Der Turm des Kastells Zugmantel, eine Rekonstruktion von 1970, und die spitzen hölzernen Palisaden wecken die Fantasie. Beflügelt wird die Vorstellungskraft von den Schautafeln des archäologischen Lehrpfads. Der flache Erdwall dort drüben: das Überbleibsel der Befestigungsanlage. Die unscheinbare Senke hier: Das war einmal ein Amphitheater. Mit einem Mal sehen wir das Gelände mit anderen Augen.

Vor fast 2000 Jahren bauten römische Hilfstruppen die ersten Befestigungsanlagen, die sich auf einer Länge von ca. 34,5 Kilometer durch den Rheingau-Taunus-Kreis ziehen. Die frühen Anlagen am Zugmantel bestanden aus Holz und Erdwällen (um 90 n.Chr.). Um das Jahr 223 n.Chr. hatte man das Steinkastell fertiggestellt. Was für ein buntes Treiben muss sich über 150 Jahre an diesem Ort abgespielt haben! Obwohl ein vergleichsweise kleines Kastell, gab es, zusätzlich zu den Unterkünften der Soldaten, mehrere Heiligtümer und, was niemals fehlen durfte, ein Bad bei der Aarquelle. Eine Besonderheit dieses Kastells sind gleich zwei kleine Amphitheater. Man trieb Handel mit der heimischen Bevölkerung – und begrub beim Kastell die Verstorbenen, wie die Gräberfunde zeigen. 11 Informationstafeln auf einer Strecke von 2,5 Kilometern bringen uns das römische Leben an der Grenze zum damaligen Germanien näher. Weil die hübschen Wegmarkierungen offenbar zum Mitnehmen reizen, braucht man für die Wegfindung gelegentlich ein römisches Späherauge. Das Glanzstück des Lehrpfads ist der rekonstruierte Römerturm. 1970 war der Kenntnisstand ein anderer als heute, und so spiegelt der Turm mit dem unverputzten Mauerwerk die Entwicklung der archäologischen Forschungen wider.

Ein weiterer Wachturm steht in Idstein-Dasbach. Als Ergänzung bietet sich ein Besuch des Limes-Museums im Hofgut Georgenthal in Hohenstein an (www.hofgut-georgenthal.de).

79

Altstadt Idstein
Startpunkt:
Killingerhaus
Tourist-Information/
Museum
König-Adolf-Platz
65510 Idstein
06126 78620
www.idstein.de

FACHWERK IST KEIN HEXENWERK
Erkundung der Altstadt

Am König-Adolf-Platz im Straßencafé sitzen, im Sonnenschein einen Eisbecher schlemmen und den Blick über ringsherum herausgeputzte Fachwerkhäuser schweifen lassen: Zu diesen und anderen Vergnügungen lädt das Fachwerkstädtchen Idstein ein. Mit den restaurierten Baudenkmälern erscheint Idstein, die ehemalige Nassauer Residenz, heute als wahre Wohlfühlstadt. Wobei nicht verschwiegen werden soll, dass es auch schlimme Zeiten in der »Hexenstadt« gegeben hat.

Dabei sah es so schlimm gar nicht aus mit ihm als redlichem Landesherrn: protestantisch, pflichtbewusst und von dem eisernen Willen getrieben, Schaden von seinen Untertanen abzuwenden. Graf Johannes, dessen Wort im Lande Gesetz ist, hat sich der Vernichtung der Hexerei verschrieben. Einmal in Gang gesetzt, produziert die unbarmherzige Maschinerie der Gerichtsbarkeit immer neue Verdächtige: Idsteiner Bürger, deren Namen unter der Folter genannt werden. Mit dem traurigen Rekord, dass in der Zeit vom Februar 1676 bis Ende März 1677 in Idstein 31 Frauen und 8 Männer nach »peinlichen Verhören« hingerichtet werden. Andere Bürger werden aus der Stadt gejagt, verlieren Heimat und Auskommen. Heutzutage wird der Besucher in jedem Winkel an die »verhexte« Vergangenheit erinnert. Es gibt den Hexen-Buchladen, die Hexen-Apotheke und den Hexenturm, Idsteins Wahrzeichen, das viel älter ist als die Hexenverfolgungen und nicht darin verwickelt war. Alle zwei Jahre leben mit dem Hexenmarkt mittelalterliche Zeiten auf.

Auch wer es ruhiger liebt, kommt auf seine Kosten. Und schlendert, wenn der Eisbecher geleert ist, durch die Altstadtgassen und vielleicht hinauf zum Höerhof in der Obergasse 26, der aus dem Jahr 1620 stammt und ein Hotel und Restaurant beherbergt. Außerdem empfiehlt sich ein Besuch des sehenswerten Stadtmuseums im Killingerhaus. Wenige Schritte weiter führen die Treppen zum historischen Rathaus hinauf, und das Kanzleitor weist den Weg zum Residenzschloss.

Eine Stadtführung bringt uns die 900-jährige Geschichte Idsteins näher. Die »Gartenweiber« tratschen über das Neuste aus der Zeit um 1700, und für die Jüngsten gibt es Kindertouren durch die Altstadt.

80

Idstein Jazzfestival
(Sommer)
Altstadt
65510 Idstein

**Verkehrsverein
Idstein e.V.**
Rathaus
65510 Idstein
06126 78614
www.idstein-jazzfestival.de

TAUNUSSTADT DER TAUSEND TÖNE
Jazzfestival in der Altstadt

Musikliebhabern – allen voran den Freunden des Jazz – ist die »Hexenstadt« im Taunus seit den 1990er-Jahren vor allem aus einem Grund ein Begriff: als Schauplatz des *Idstein JazzFestival.* Für drei Tage im Sommer wird die historische Altstadt vom Jazz und allen seinen Stilrichtungen in Anspruch genommen. Auch wer sich nicht zu den Musikspezialisten zählt, wird sein Vergnügen darin finden. Und sich gemächlich durch die Gassen treiben lassen. Von Bühne zu Bühne. Zum Zuhören, Zuschauen und Staunen.

Neben der Frankfurter »Konkurrenz« gilt das Idsteiner Festival als eine der großen hessischen Jazzveranstaltungen. Kein Wunder bei 12 Bühnen, auf denen an die 60 Bands auftreten und die Stadt mit musikalischen Klängen erfüllen. Aus welcher Richtung der Besucher auch kommt: Beim Betreten der Altstadt gilt es, den Eintritt zu entrichten. Danach darf man eintauchen in das Getümmel begeisterter Musikgenießer. Ob man sich zuvor über das Programm kundig gemacht hat und eine bestimmte Bühne ansteuert oder sich einfach vom Menschenstrom mitnehmen lässt, um dort stehen zu bleiben und zu lauschen, wo es gefällt: Bei dem reichhaltigen Angebot haben beide Strategien etwas für sich. Neben eingefleischten Jazzkennern kommen zahllose Laien in die Stadt, um sich überraschen zu lassen. Geboten wird Musik der Extraklasse für jeden Geschmack, ob Retro-Jazz, Swing, World oder Latin, Real Jazz, Groove oder Blue Note, wie die Programmpunkte vergangener Festivals hießen. Freitagabends geht es los. Das Fest setzt sich ab Samstagnachmittag bis in die Nacht fort und dauert am letzten Tag, dem Sonntag, vom späten Vormittag bis in den Abend. Und die Bewohner der Altstadt? Von denen wird eine gehörige Menge Langmut und Musikbegeisterung eingefordert. Den meisten wird es Spaß machen, trotz der Einschränkungen, die ein solches Spektakel mit sich bringt. Und ein wenig Stolz auf die kleine Stadt mit dem großen Herzen für Musik sei gern erlaubt.

Stressfrei anreisen mit Bus und Bahn: Idstein ist gut in das Verkehrsnetz eingebunden. Dazu werden Zusatzbusse für das Umland und S-Bahn-Sonderzüge nach Frankfurt eingesetzt (Info unter: www.rmv.de).

81

Geoerlebnispfad Oberjosbach
Start- und Endpunkt: Ecke
An der Eiche/Dr.-Jakob-
Wittemann-Straße
65527 Niedernhausen

**Gemeinde Niedern-
hausen**
Wilrijkplatz
65527 Niedernhausen
06127 9030
www.niedernhausen.de

VON EISZEITEN, ERDBEBEN UND EROSIONEN
Geoerlebnispfad Oberjosbach

Wissen Sie noch, was am Abend des 29. November 1997 geschah? Viele Bewohner des Taunus werden nichts mit dem Datum verbinden. An das Ereignis selbst wird sich so mancher erinnern! Am 29. November 1997 bebte im Taunus die Erde. Mit einer Stärke von 4,4 auf der Richterskala gab es einen kräftigen Rumpler. Die Erschütterungen des Idsteiner Bebens waren in einem Umkreis von 100 Kilometern zu spüren. Diesen und anderen erdgeschichtlichen Ereignissen kann man auf dem Oberjosbacher Geo-Erlebnispfad nachspüren.

Was die Zahlen der Richterskala bedeuten, erklärt eine Schautafel: Bei »4« klirren Geschirr und Fensterscheiben, und wer schläft, wird unverhofft geweckt. Bei »5« kann es zu leichten Rissen an den Gebäuden kommen. Warum die Erde im Raum Idstein bebte, das erfahren wir im letzten Drittel des Geo-Erlebnispfads bei Oberjosbach. Zuvor haben wir den breiten Forstweg verlassen und auf einem Wanderpfad den Hohlen Stein passiert, einen markanten Felsen und den Höhepunkt der fünf Kilometer langen Wanderstrecke.

Waldböden und Felsformationen liefern dem geschulten Auge des Geologen eine Fülle von Informationen, die dem »einfachen« Wanderer in der Regel so unzugänglich bleiben wie ein Buch mit sieben Siegeln. Das eine oder andere Siegel aufzubrechen, haben sich die Macher des Geo-Erlebnispfads in Oberjosbach vorgenommen. 460 Millionen Jahre Erdgeschichte präsentieren sich auf fünf Kilometern. Aber auch andere Themen werden aufgegriffen. So erfahren wir, dass die Menschen früher auf Holzkohle angewiesen waren und der immense Holzverbrauch zum Ende des 18. Jahrhunderts beinahe in eine Energiekrise geführt hätte. Mit neuem Wissen versorgt, nehmen wir den Wald auf eine vielfältigere Weise wahr. Wie heftig den Bäumen von Dürren und Stürmen zugesetzt wurde, ist auf der Wanderung unübersehbar – jedoch ebenso die Kraft der Natur, die verwüsteten Flächen zurückzuerobern. An einem Kreis aus Felsbrocken verschiedener Gesteinsarten können wir eine Weile ausruhen. Und mit geschlossenen Augen lauschen. Der Wald hat auch den Ohren eine Menge zu bieten.

Der Geo-Erlebnispfad beginnt und endet *An der Eiche* in Niedernhausen-Oberjosbach, unmittelbar am Waldrand.

Susanne Kronenberg
**Lieblingsplätze
Rheinhessen kulinarisch**
192 Seiten, 14 x 21 cm
Klappenbroschur
ISBN 978-3-8392-2611-7
€ 18,00 [D] / € 18,50 [A]

Rheinhessen bedeutet Genuss pur! Im größten Weinanbaugebiet Deutschlands heimsen Spitzenweingüter internationale Preise ein, Einheimische und Touristen sitzen in Straußwirtschaften gesellig zusammen und feiern gemeinsam Weinfeste. Doch auch neben Rebensaft und Äppelwoi lockt das »Land der tausend Hügel« mit Gaumenfreuden: Der regionale Anbau überzeugt mit natürlichem Geschmack, innovative Köche mit feinsten Speisen, genussvolle Touren mit Leckereien in idyllischer Natur. Erkunden Sie kulinarische Plätze in einer über 2.000-jährigen Kulturlandschaft und entdecken Sie dabei Rheinhessen mit allen Sinnen.